noyama
の
おつまみ
いろは

noyama 著

大泉書店

もくじ

- 大さじ1＝15ミリリットル、小さじ1＝5ミリリットル、1カップ＝200ミリリットルです。
- この本のレシピでは、砂糖は甜菜糖を使っています。ほかの砂糖を使う場合は、記載の分量より少なめにしてください。
- 小麦粉は薄力粉を使用しています。
- こしょうは白こしょう、ブラックペッパーは粗挽きの黒こしょうを使っています。
- だしはかつお節と昆布の合わせだしを使っていますが、お好みのだしでどうぞ。

はじめに

ｎｏｙａｍａとは、木工アーティスト、編集者、
写真家、料理研究家の集まりです。
外で過ごすことが好きで、自然、食、旅をテーマに、
本の編集（ときどきイベントも）をしています。

私たちは、みんなお酒が好きです。
お酒が生み出す楽しい時間を表現する本が
できないだろうか、とこの本を編集しました。

この本は、ちょっとかわった章立てになっています。
いろがきれい。ろんりー。はごたえが楽しい。においがいい。
ほかほか。へんり（べんり）。とり（＝〆）。
最初の文字をつなげると、そう、「いろはにほへと」。
「いろは」くらいに簡単にできる。
野菜をはじめ、旬の食材をたくさん使う。
そして、色がきれい、いいにおい、はごたえがいい……。
五感にうったえかけるような、おつまみのレシピ。
普段集まって食べているものから、
こんなものを食べたい！と
4人で考えたレシピが１１３点載っています。

終電で家に帰ってから、ひとりで飲みたいときに。
夫婦ふたりの晩酌に。
友人や家族が集まるときに。どんなシチュエーションにも合う、
食卓が楽しくなるおつまみの本です。

いろがきれい

酒の肴とはいいますが、
私たちは野菜をたくさん食べたい。
申しわけ程度に添えられているしなびた野菜ではなくて、
生命力にあふれた野菜。
「青々としたアスパラガス」「まっかなトマト」「黄金色のさつまいも」、
野菜の力強さは色に現れます。
きれいな色をいただく、野菜のおつまみ15品。

ホタテだしのまろやか

かぶのスープ煮 豆乳ソース

→ p12

カリフラワー、白いんげん豆、モッツァレラで

白のサラダ

→ p12

衝撃のおいしさ

グリーン
アスパラガスの
グラッセ

→ p12

アジアの夕方の味

オクラ 三つ葉 ナンプラー

→ p13

私たちは、色が近い食材を組み合わせた料理をよく作ります。たとえば、このレシピでも紹介しているように、かぶとホタテと豆乳。アスパラガスとタイム。黄パプリカとかぼちゃ。ひとつの食材のなかで、ひとくちに白、緑、黄色といっても、微妙に色の違いがある箇所や、グラデーションで色が変化している箇所があって、野菜の中に無数の色が見られます。自然が生んだ美しい、名前のない色。

緑色のつまみには、ミントたっぷりのお酒モヒートを(p106でも飲んでいます)。味とか栄養ではなくて、「色を食べる」こと。そんなおつまみの楽しみ方があってもいいと思うのです。

紫キャベツだからできる、この色！

紫のコールスロー

→p13

日本に昔からある色、なす紺

揚げなすのマリネ

→ p13

p6 すっと箸が通るくらいやわらかく煮込んだかぶと、ホタテのうまみ

かぶのスープ煮 豆乳ソース

◎ 材料（4人分）

かぶ … 4個
長ねぎ（白い部分）… 2本（5センチの長さに切る）
ホタテ缶 … 1缶
水 … 2カップ
塩 … 小さじ1／2

【ソース】
豆乳 … 1／2カップ
塩、コリアンダーパウダー … 少々

◎ 作り方

1. かぶは葉っぱを落とし、葉っぱが付いていた方に1／3の深さまで十字に切り込みを入れて、鍋に並べる。
2. 1に長ねぎ、水、ホタテ缶を汁ごと加えてふたをして中火にかけ、沸騰したら弱火にする。かぶに竹串がすーっと入るくらいやわらかくなったら塩で味をととのえる。
3. 別の鍋に豆乳を入れて中火にかけ、沸騰しそうになったら弱火にしてとろっとするまで煮詰める。塩とコリアンダーパウダーで味をととのえる。
4. 皿に2を盛り付け、上から3のソースをかける。

p7 見た目も味も、大人っぽいサラダ。白ワインのおともに

白のサラダ

◎ 材料（4人分）

カリフラワー … 小1個（小房にわける）
白いんげん豆の水煮 … 2カップ
モッツァレラチーズ … 100グラム（スライス）

【ドレッシング】
甜菜糖、塩 … 各小さじ1
酢 … 大さじ1
豆乳 … 大さじ3

◎ 作り方

1. カリフラワーは、塩（分量外）をひとつまみ加えたお湯で固めに茹で、ザルに上げ水けを切る。
2. ドレッシングの材料を混ぜる。
3. 水けを切った白いんげん豆とモッツァレラチーズを入れたボウルに1のカリフラワーを加え、まだ温かいうちに2のドレッシングと和える。
4. 冷蔵庫で2〜3時間冷やす。

p8 砂糖がかくし味

グリーンアスパラガスのグラッセ

緑の力強さを感じる味。グリーンアスパラガスだからできるおつまみです

◎ 材料（2人分）

グリーンアスパラガス … 6本（固い所はピーラーで皮をむく）
にんにく … 1／2かけ（みじん切り）
タイム … 5〜6本
オリーブオイル … 大さじ1
甜菜糖 … 小さじ1／2
塩 … 少々
パルメジャーノチーズ … 好きなだけ

◎ 作り方

1. フライパンにオリーブオイルとにんにくを入れて中火にかける。にんにくのいい匂いがしてきたらグリーンアスパラガスとタイムを加えてつやつやしてくるまで炒め、ふたをして弱火で蒸し焼きにする。
2. 途中で数回ひっくり返し、グリーンアスパラガスにだいたい火が通ったら（やわらかくなりすぎないように注意）ふたを外し、甜菜糖と塩を加えて油をからめる。
3. 皿に盛りパルメジャーノチーズをかける。

p9

夏の夕方にさっと作って、ビールと一緒に。「エビス」のような濃いビールと合います

オクラ 三つ葉 ナンプラー

◎ 材料（2人分）

オクラ …8本
三つ葉 …1／2束（ざく切り）
ナンプラー …小さじ1
甜菜糖 …小さじ1／4
ごま油 …小さじ1／2

◎ 作り方

1. オクラはひとつまみの塩（材料外）を入れたお湯で固めに茹で、水にさらしてから水けを切る。
2. ボウルにナンプラーと甜菜糖、ごま油を入れてよく混ぜ、三つ葉と斜め半分に切った1のオクラを加えてさっと和える。

オクラは切ってから茹でないように。穴に水が入って水っぽくなりますよ

p10

超シンプルで、いちばん好きなキャベツの食べ方

紫のコールスロー

◎ 材料（4人分）

紫キャベツ …1／4個（千切り）
塩 …ひとつまみ
ブラックペッパー …少々
りんご酢（もしくは米酢）…小さじ2

◎ 作り方

1. ボウルに紫キャベツを入れて塩、ブラックペッパーで軽くもみ、食べる直前にりんご酢をかける。

p11

なすは熱々のうちにマリネ液に、どぼんとつけると味がよく染みます

揚げなすのマリネ

◎ 材料（4人分）

なす …4個（皮に1ミリ程度切り込みを入れる）

【マリネ液】
だし …1カップ
甜菜糖 …小さじ1／2
酒、醤油 …各小さじ1
塩 …少々
黒酢 …大さじ1

揚げ油 …適量

◎ 作り方

1. 鍋にマリネ液の材料を入れてひと煮たちさせ、火を止める。
2. なすは160℃の油でやわらかくなるまでじっくりと素揚げにし、熱々のうちに1のマリネ液に漬ける。粗熱がとれたら冷蔵庫で1時間ほど冷やす。

なすに切り込みを入れておくと揚げるときに破裂するのを防いでくれます

箸休めに。ちょっと和風味

いろいろトマトの甘酢漬け

→ p20

食欲を刺激する3つの要素。匂い、食感、そして色。夏に比べると、太陽が恋しい梅雨や寒い冬には同じような彩りの野菜ばかりがテーブルに並んでしまいがちです。そんなときこそ、色を意識したおつまみを必ずひとつ考えます。いろんな色を組み合わせることもあれば、単色を楽しむようなおつまみも。

乾物を使った料理が好きで、色なんて味には関係ない。そう思っていた時期もあったけれど、食卓に並んだお皿の様子を見ると、色がきれいなおつまみほど箸がのびて、お酒もすすむのは、やっぱり色も味におおいに関係しているのだな、と実感します。

（山戸）

パプリカパウダーで色鮮やかに

パプリカとチキンのレッドポット

→ p20

ちょっと懐かしいスタッフドピーマン

黄色野菜のほくほくグラタン

→ p20

大きく焼いて、大きく食べよう

フライパンオムレツ
粒マスタードソース

→ p21

さっと作れる定番つまみ

カラフル浅漬け

→ p21

最初の一皿として、盛り合わせで

浅漬け4種

→ p22

p14

トマトはいろいろ種類があるのでミックスしてみても

いろいろトマトの甘酢漬け

◎ 材料（作りやすい量）

小さめのトマト … 3〜4個（ヘタを取る）
ミニトマト … 10個（ヘタを取る）

【甘酢】
水 … 1カップ
甜菜糖 … 大さじ2
塩 … 小さじ2
酢 … 1／2カップ

◎ 作り方

1. 鍋に甘酢の材料を入れて火にかけ、沸騰したら弱火にして2分ほど加熱して酢をとばす。
2. 保存容器にトマトを入れ、1の甘酢の粗熱がとれたら注ぐ。
3. 冷蔵庫に入れてひと晩漬け込む。

p15

ポット＝鍋で煮込んだ料理のこと。ビールにも、ワインにも合います

パプリカとチキンのレッドポット

◎ 材料（4人分）

鶏もも肉 … 1枚（ぶつ切り）
ペコロス（小玉ねぎ）… 8個（皮をむく）
赤パプリカ … 1個（1センチのスライス）
カットトマト缶 … 1缶
塩、こしょう … 少々
サラダ油 … 大さじ1
水 … 1／2カップ
塩、パプリカパウダー … 適量

◎ 作り方

1. 鶏肉に、塩、こしょうとパプリカパウダーをまぶして1時間ほどおく。
2. 厚手の鍋にサラダ油を熱し、1の鶏肉を入れて表面にこんがり焼き色がつくまで中火で焼き、取り出す。
3. 2の鍋にペコロスを入れて中火で軽く炒め、赤パプリカ、トマト缶、水、2の鶏肉を入れる。
4. 沸騰したら弱火にし、ふたをして1時間ほど煮込む。最後に塩とパプリカパウダーで味をととのえる。

p16

かぼちゃとパプリカの、おいしい組み合わせ

黄色野菜のほくほくグラタン

◎ 材料（6個分）

かぼちゃ … 1／4個（1センチの角切り）
黄ズッキーニ … 1本（1センチの角切り）
黄パプリカ … 3個（縦半分に切って種を出す）
ミックスチーズ … 好きなだけ
サラダ油 … 大さじ1
塩 … 小さじ1／4
こしょう … 少々

◎ 作り方

1. フライパンにサラダ油を熱し、かぼちゃと黄ズッキーニを入れて軽く炒め、ふたをして弱火で蒸し焼きにする。
2. 1がだいたいやわらかくなったら塩、こしょうで味をととのえる。
3. 黄パプリカに2を詰めてミックスチーズを乗せ、200℃に予熱したオーブンでチーズにこんがり焦げ目がつくまで15分ほど焼く。

p17

さつまいも、とうもろこしと黄色い野菜をたっぷりと

フライパンオムレツ 粒マスタードソース

◎ 材料（直径18～20センチのフライパン）

玉ねぎ … 1／2個（みじん切り）
さつまいも … 小1本（1センチの角切り）
ホールコーン缶 … 1カップ
たまご … 4個（溶く）
オリーブオイル … 大さじ1
塩 … ひとつまみ

【ソース】
豆乳 … 1カップ
粒マスタード … 大さじ1
塩 … 少々
ターメリックパウダー … 小さじ1／2

◎ 作り方

1. ソースを作る。鍋に豆乳を入れて中火にかけ、沸騰したら弱火にして半量まで煮詰める。粒マスタードと塩、ターメリックパウダーで味をととのえる。
2. オムレツを作る。フライパンやスキレットにオリーブオイルを熱して、玉ねぎを中火で炒める。しんなりしてきたらさつまいもを加えて炒め合わせ、ふたをして弱火で蒸し焼きにする。
3. さつまいもがやわらかくなったら一度ボウルに取り出し、ホールコーン、たまご、塩を加えてよく混ぜる。
4. 3のフライパンをキッチンペーパーで軽く拭き、オリーブオイル（分量外）を熱して3を流し込む。ふたをして弱火でじっくり焼く。
5. 片面がこんがり焼けたらひっくり返し、もう片面も焼く。皿に盛り1のソースをかける。

生地のまわりが少し固まってきたらそろそろひっくり返す合図。フライ返しで確認してみよう！

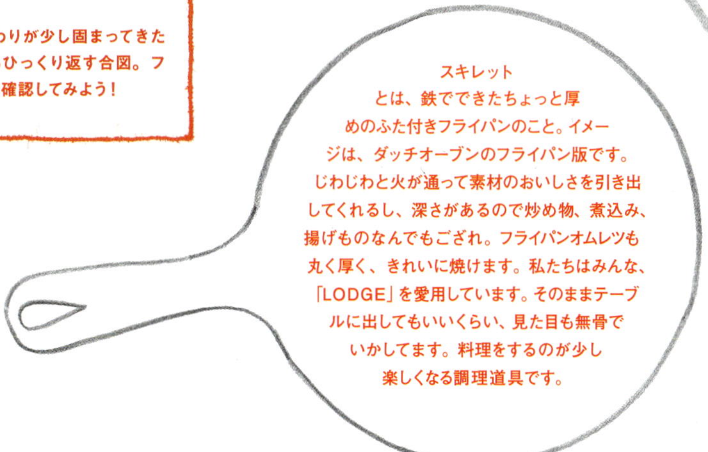
スキレット
とは、鉄でできたちょっと厚
めのふた付きフライパンのこと。イメー
ジは、ダッチオーブンのフライパン版です。
じわじわと火が通って素材のおいしさを引き出
してくれるし、深さがあるので炒め物、煮込み、
揚げものなんでもござれ。フライパンオムレツも
丸く厚く、きれいに焼けます。私たちはみんな、
「LODGE」を愛用しています。そのままテーブ
ルに出してもいいくらい、見た目も無骨で
いかしてます。料理をするのが少し
楽しくなる調理道具です。

p18

冷蔵庫の残り野菜、なんでもいいです。大きさを1センチ角に揃えて、歯ごたえよく

カラフル浅漬け

◎ 材料（作りやすい量）

きゅうり、セロリ … 各1本
大根 … 3センチ
赤パプリカ … 1個
ミニトマト … 10個（半分に切る）
塩、黒酢 … 各小さじ1
ごま油 … 大さじ1
ひまわりの種 … 1／4カップ

◎ 作り方

1. ミニトマト以外の野菜は1センチの角切りにする。
2. ボウルにすべての材料を入れてよく和える。

p19 塩＋αの簡単レシピ 浅漬け４種

お好み焼きくらいにしか使わないかも、という青海苔。磯の香りたっぷりで美味です

にんじんと青海苔

◎ 材料（作りやすい量）

にんじん … 1本（千切り）
塩 … ひとつまみ
青海苔 … 大さじ1

◎ 作り方

1. にんじんは塩もみし、しんなりしたら青海苔を加えて混ぜる。

ちょっとクセのあるキャラウェイ（ひめういきょう）が、みずみずしい玉ねぎスライスをひきたてます

紫玉ねぎとキャラウェイシード

◎ 材料（作りやすい量）

紫玉ねぎ … 1個（スライス）
塩 … 小さじ1／2
キャラウェイシード … 小さじ2

◎ 作り方

1. 紫玉ねぎを塩もみしてからさっと水にさらし、水けをきる。
2. 1にキャラウェイシードを加えて混ぜる。

玉ねぎの辛味が取れないときは、熱湯で10秒ほど茹でるといいですよ

さっぱり夏野菜の浅漬け。砂糖をかくし味に

きゅうりとクレソン

◎ 材料（作りやすい量）

きゅうり … 1本（ピーラーで縦にスライス）
クレソン … 1／2束（ざく切り）
塩、甜菜糖 … 各小さじ1／4
ごま油 … 小さじ1

◎ 作り方

1. ボウルにすべての材料を入れてよく混ぜる。

ごまの風味でシンプルに野菜をいただきます

カリフラワーと白ごま

◎ 材料（作りやすい量）

カリフラワー … 1／2個（小房に分ける）
甜菜糖、白ごま … 各小さじ1／2
塩 … 小さじ1／4

◎ 作り方

1. カリフラワーを固めに茹でてザルに上げさっと水けを切り、温かいうちに調味料で和える。

Lonely

ろんりー

「終電近くで空腹のまま家に帰り、
冷蔵庫をあけ何もないことに気づいたとき」
「夫がでかけてしまって、家にだれもいないとき」
材料がない。作りがいがない。
そんなときの“ロンリーつまみ”。
常備している食材でささっと作れるのに、
「ちゃんとしたものを食べた」感を得られる
ちょっとぜいたくなおつまみ。

OIL SARDINE

オイルサーディン

缶詰は便利です。

私の普段の食事にはあまり登場しませんが、お酒が進んでもう少し何か食べたいとなったら、こんな缶詰があった!!と満を持しての登場。

そのまま食べるのは寂しいけれど、ちょっとひと手間加えるだけで、まるで洒落たバルで出てきそうなおつまみが、簡単に作れるのが缶詰のいいところ。

もちろん長期保存ができるので、旅先でご当地缶詰を自分へのお土産に買っておけば、食べるときにその旅の思い出が蘇り、お酒の席が盛り上がります。

（山戸）

こいわしの冷つまみ

サーディン大根

→ p30

こいわしの温つまみ

トマト味のサーディンと オニオンスライス

→ p30

SMOKED OYSTER

10秒で作る幸せ

牡蠣の燻製とセロリ

→ p31

牡蠣の燻製

山戸さんの話で出た、ご当地缶詰についてもう少し。私も、高知県のきびなごフィレ（瓶詰めだけど）や沖縄のスパムのファンです。その缶にしかない味わいがあるから、出張で出かけたときや、東京でも百貨店の催しや県のアンテナショップで必ず買います。

最近、目覚めたのは牡蠣缶。山戸さんが牡蠣缶をいつも上手に使っていて、「値段が高いだけあって、すごくリッチなおつまみが作れる大人の缶なのよ」というウケウリを、さも自分で見つけたかのように人に話しています。そして、震災後に牡蠣の養殖をされている漁師さんと知り合い、水産物の漁や養殖、加工が大変な労力のもと成り立っていることを知りました。たかが缶、されど缶。ありがたく食べようと思うのです。

（髙橋）

残ったオイルでもひとつ幸せ

燻製オイルとじゃがいも

→ p31

→ p31

酢と豆乳でノンマヨネーズ

ツナとかぼちゃのナッツサラダ

ツナ

　料理上手なしみずさんいわく「トマト缶とツナ缶とにんにくは常備せよ」。

　この3つと何らかの野菜があれば、煮物、焼き物、パスタと、一品二品、なんとでもなるらしいのです。

　手づくりツナがあったら料理の幅がもっと広がります。ツナは、まぐろとかつお、どちらで作っても美味。かつおは、長ねぎと醤油をかけただけで、ものすごくおいしい。まぐろは、しっかりめに味付けをして大きめにほぐして、カボチャサラダに入れて。保存は冷蔵庫で1週間。水けを拭き取ってオリーブオイルに漬け込めば3週間は大丈夫です。

（髙橋）

手づくりツナ

◎ 材料（作りやすい量）

まぐろ（赤身か中トロ）… 1サク
かつお … 1サク
塩 … 小さじ2
ブラックペッパー … 小さじ1

【煮汁】
水 … 4カップ
ローリエ … 3枚
赤唐辛子 … 2〜3本
ブラックペッパー（ホール）… 10粒
オリーブオイル … 大さじ1

◎ 作り方

1. まぐろとかつおはキッチンペーパーで水けをふき取り、全体に塩とブラックペッパーをまぶして2時間〜ひと晩冷蔵庫で置く。
2. まぐろとかつおが入る大きさの厚手の鍋に煮汁の材料をすべて入れて火にかける。
3. 沸騰したら❶を加えてすぐに火を止め、そのまま常温まで冷ます。
4. 冷めたら汁ごと密閉容器に移して冷蔵庫で保存する。

TUNA

おつまみツナ

◎ 材料（2人分）

かつおのツナ … 2切れ（1センチ幅に切る）
長ねぎ … 1／4本分
パセリ … 大さじ1（細かくちぎる）
醤油 … 少々

◎ 作り方

1. 長ねぎは白髪ねぎにして水にさらして水けを切り、パセリを混ぜる。
2. 皿にツナをのせ❶を盛って、醤油をかける。

p25

缶ごと熱します。調理時間わずか5分。すぐに食べたいときに

トマト味のサーディンとオニオンスライス

◎ 材料（2人分）

オイルサーディン … 1缶
トマトケチャップ … 大さじ1
タバスコ … 少々
ブラックペッパー … 少々
玉ねぎ … 1／4個（スライス）
ミニトマト … 2個（4等分）

◎ 作り方

1. オイルサーディンの缶を開け、上に玉ねぎとミニトマト以外の材料を乗せて直火にかける。
2. ぐつぐつしてきたら火を弱めて、2〜3分加熱し、缶から出す。
3. 水にさらした玉ねぎを皿に盛り、その上に2のサーディンとミニトマトを飾る。缶が熱々なのでご注意を！

p25

脂がのったいわしとさっぱり大根は、しみじみおいしい。醤油をひとたらしして

サーディン大根

◎ 材料（2人分）

大根 … 3センチ（いちょう切り）
オイルサーディン … 3尾（半分に切る）
蕎麦のスプラウト（もしくはカイワレ大根）… 1／2パック
塩 … ひとつまみ
醤油、ブラックペッパー … 少々

◎ 作り方

1. 大根はしんなりするまで塩もみする。
2. 1にオイルサーディンと蕎麦のスプラウトを加えて混ぜ、醤油とブラックペッパーで味をととのえる。

p26

おいしい牡蠣缶がひとつあれば。身は香味野菜と和えて、冷製つまみに

牡蠣の燻製とセロリ

◎ 材料（2人分）

牡蠣の燻製缶の身 … 1／2缶
セロリ … 1／4本（斜めスライス）
塩 … ひとつまみ
醤油、こしょう … 少々

◎ 作り方

1. 牡蠣の身とセロリを混ぜ、塩、醤油、こしょうで味をととのえる。牡蠣のオイルは「燻製オイルとじゃがいも」で使うので残しておく。

p27

残った牡蠣のうま味たっぷりのオイルは、蒸したじゃがいもとからめて温製つまみに

燻製オイルとじゃがいも

◎ 材料（2人分）

じゃがいも … 小4個（もしくは大1個）
牡蠣の燻製缶のオイル … 1缶分
塩、こしょう … 少々
イタリアンパセリ … お好みで

◎ 作り方

1. じゃがいもは皮付きのまま、やわらかくなるまで蒸す。
2. 1のじゃがいもの皮をむき（大きい場合は食べやすい大きさに切る）、牡蠣の燻製缶のオイルを和えて塩、こしょうで味をととのえる。好みでイタリアンパセリをふる。

p28

ツナ缶でも自家製ツナでも、大きい塊のまま混ぜると食感があっておいしいです

ツナとかぼちゃのナッツサラダ

◎ 材料（2人分）

かぼちゃ … 1／8個（2センチ角に切る）
まぐろのツナ … 1／4サク（大きめにほぐす）

【ドレッシング】
ケッパー … 大さじ1
オリーブオイル、酢、豆乳 … 各大さじ1／2
塩 … 小さじ1／4
こしょう … 少々

◎ 作り方

1. かぼちゃはやわらかくなるまで蒸し、お好みの加減でつぶす。
2. ドレッシングの材料をすべて混ぜ合わせ、1のかぼちゃが熱いうちに加えてよく和える。
3. 最後にツナを加えてさっと混ぜる。

BEANS

ビールの最強の友。白ワインにもあいます

えびと枝豆のコリアンダー炒め

→ p40

豆

豆が好きです。そのコロコロとした愛らしい形も、種類によって色も食感も全然違うところも。豆の扱い方がよくわからない人には、枝豆をゆがいて冷凍しておく。水煮缶を利用する。このふたつだけ実践してみて欲しいのです。

豆腐や納豆、味噌、醤油……と日本の食文化と豆は切っても切れない間柄。胃袋に染みついている味なので、どうしたらおいしくなるのか、きっとわかるはず。まずは、簡単な４つのレシピをお試しあれ。

（山戸）

さやごと炒めて

ガーリック風味の枝豆

→ p40

粒マスタードとこしょうだけの
シンプルドレッシング

豆サラダ

→ p40

水煮缶を炒めるだけでほくほくに

アンチョビひよこ豆

→ p40

→ p41

ピーラーでむいた
にんじんのサラダ

キャロットラペ

→ p41

しっとりほうれん草に
ナッツのアクセント

**ほうれん草の
ミックスナッツ和え**

→ p41

ナッツのかりかり感がやみつきに

**ミックスナッツと
チキンのソテー**

ミックスナッツ

私たちは全員、山登りをします。山では、おなかがすいてダウンしないように、カロリーのあるものを歩きながら少しずつ食べるのですが（行動食といいます）、ミックスナッツは行動食の定番。高カロリーで栄養価も高い。なんといっても、ビールに合います。大きな袋で買うので、いつも家にあるミックスナッツ。チキンとソテーしたり、にんじんやほうれん草と和えてみたり。食感のよさについついお酒もすすむ、魔の常備食材です。

（高橋）

TOFU

ボリュームしっかり。
深夜でも罪悪感なし

豆腐の
ころころステーキ

→ p42

→ p42

練りごま入りで濃厚クリーミー

豆腐ディップ

豆腐

家にはいつも豆腐があります。なぜなら、妖怪豆腐じじいがいるから。この妖怪はどんなに手の込んだ料理を作ろうとも、いつも「豆腐、うまい！」と豆腐を褒め称えます。ねぎとかつお節をのっけただけなのに！

一丁丸々食べたいところでしょうが、そうはいきません。必ず少し取っておきます。

それは、朝のお味噌汁や私のちょっとしたおつまみの材料として大切な楽しみだから。

豆腐に限らず、食材のちょっと残しは、新しいもう一品への近道ではないかと思うのです。（しみず）

p32

冷凍庫に常備しておきたいえびのむき身。コリアンダーパウダーでエスニックに

えびと枝豆のコリアンダー炒め

◎ 材料（2人分）

冷凍むきえび … 1／2カップ
枝豆 … 1カップ（固茹でしてさやから出す）
ごま油 … 小さじ1／2
塩、醤油、コリアンダーパウダー … 少々

◎ 作り方

1. フライパンにごま油と冷凍むきえびを凍ったまま入れ、ふたをして中火にかける。
2. 時々フライパンをゆすりながら2〜3分炒め、えびが解凍されてやわらかくなったら、ふたを外して枝豆を加えて炒め合わせる。
3. 水分がとんだら、調味料で味をととのえる。

p33

にんにくと油の風味で枝豆がさらにおいしく。にんにくの代わりに塩昆布でも美味

ガーリック風味の枝豆

◎ 材料（2人分）

枝豆 … 2カップ
にんにく … 1かけ（みじん切り）
サラダ油 … 大さじ1／2
塩 … 小さじ1／2

◎ 作り方

1. 枝豆は固めに茹でる。
2. フライパンに油とにんにくを入れて火にかけ、油が温まってきたら弱火にして、にんにくがキツネ色になるまでじっくり炒める。
3. 2に塩と1の枝豆をさや付きのまま加えて、さっと炒める。

p34

山戸がモロッコで出合った、豆ときゅうりと玉ねぎのサラダ。スパイスを加えても

豆サラダ

◎ 材料（2人分）

ミックスビーンズの水煮 … 1／2カップ
ミニトマト … 5個
玉ねぎ … 1／4個（みじん切り）
きゅうり … 1／2本（1センチの角切り）
塩 … 小さじ1／4
オリーブオイル、粒マスタード … 各小さじ1／2
ブラックペッパー … 少々

◎ 作り方

1. すべての材料を混ぜ合わせ、冷蔵庫で冷やす。

p35

豆の使い方がわからない！ という人は、まずは好みの調味料と炒めるといいですよ

アンチョビひよこ豆

◎ 材料（2人分）

ひよこ豆の水煮 … 1／2カップ
アンチョビ … 2切れ（みじん切り）
オリーブオイル … 小さじ1／4
イタリアンパセリ … 1／4カップ（ざく切り）

◎ 作り方

1. フライパンにオリーブオイルとアンチョビを入れて中火にかける。
2. 油が温まってきたら弱火にし、アンチョビがややかりかりになるまで炒める。
3. 2に水けを切ったひよこ豆を加えたら中火にして炒め合わせ、最後にイタリアンパセリを加えてさっと炒める。

p36 ラペとは細切りの意味。ここでは、あえてピーラーで薄くスライスしました

キャロットラペ

◎ 材料（2人分）

にんじん … 1/2本（縦向きにピーラーでスライス）
塩 … 小さじ1/4
オリーブオイル、白ワインビネガー … 各小さじ1/2
ミックスナッツ（無塩）… 大さじ1（粗めに砕く）
ミックスドライフルーツ（もしくはレーズン）… 大さじ1

◎ 作り方

1. すべての材料をボウルに入れてよく混ぜ、冷蔵庫で冷やす。

p37 ナッツから出る油分と醤油の香りが、定番のチキンソテーをもっとおいしくしてくれます

ミックスナッツとチキンのソテー

◎ 材料（2人分）

鶏もも肉 … 1/2枚（2センチ角に切る）
ミックスナッツ（無塩）… 1/4カップ
塩 … 小さじ1/2
ブラックペッパー、醤油 … 少々
クレソン … 1/2束（半分に切る）

◎ 作り方

1. 鶏肉に塩、ブラックペッパーをふって10分ほど置く。
2. フライパンに1の鶏肉を皮目を下にして並べ、中火にかける。
3. フライパンが温まってジューと音がしてきたら弱火にして、ふたをして5〜6分蒸し焼きにする。
4. 鶏肉に火が通ったらふたを外して中火にし、ミックスナッツを加えて1〜2分炒める。最後に醤油で味をととのえる。皿に盛りクレソンを添える。

p37 ほうれん草は茹で加減が大切。茹ですぎは厳禁です

ほうれん草のミックスナッツ和え

◎ 材料（2人分）

ほうれん草 … 1/4束
ミックスナッツ（無塩）… 大さじ1（粗めに砕く）
醤油 … 小さじ1/4

◎ 作り方

1. ほうれん草は塩（材料外）をひとつまみ加えたお湯で固めに茹で、ザルに上げて冷水をかけて広げて冷ます。
2. ミックスナッツと醤油を混ぜる。
3. 1のほうれん草は軽く絞って水けを切る。食べやすい大きさに切り、2と和える。

p38

おいしい豆腐ステーキのコツは、しっかり水を切っておくこと。衣をつけてかりっと焼くことです

豆腐のころころステーキ

◎ 材料（2人分）

木綿豆腐 … 1／2丁（よく水切りして2センチ角に切る）
塩 … 小さじ1／2
白ごま、小麦粉 …… 各大さじ1
ごま油 … 小さじ2
粗塩 … ひとつまみ

◎ 作り方

1. ボウルに塩、白ごま、小麦粉を入れてよく混ぜる。
2. 豆腐に1をまぶし、ごま油を熱したフライパンで全面こんがり焼き色がつくまで中火で焼く。皿に盛り、粗塩をふる。

p39

豆腐は水切りをして、ていねいにすりつぶしましょう

豆腐ディップ

◎ 材料（2人分）

木綿豆腐 … 1／4丁
練りごま … 小さじ1／2
塩 … ひとつまみ
レモン果汁 … 1／4個分
コリアンダーパウダー、パプリカパウダー … 少々

◎ 作り方

1. 豆腐はなめらかになるまですり鉢でよくすり、練りごま、塩、レモン果汁、コリアンダーパウダーを加えてよく混ぜる。
2. 器に盛り、上にパプリカパウダーをかける。

もぐもぐ

ぱく

ぐびぐび

は ごたえが楽しい

きゅうりやれんこんを包丁でスライスにしないで、
棒で大きく崩す。
逆に、神経質なまでに薄く切ってみる。
家庭科の教科書には出てこないような切り方を、
わざとすることがあります。
少しの調理の仕方のちがいで変わる、「はごたえ」。
はごたえがいいと、
「おいしい」の幅をもっと広げてくれます。

しゃきしゃき

ぷりぷり

カリカリ

ごくり

ぐびり

ぺろり

しゃきしゃき しゃきしゃき しゃきし

→ p52

街の中華料理店のあの味です。瓶ビールと

豆もやしの炒め物

→ p52

食物繊維いっぱいのサラダはビオワインと

セロリとりんごのしゃきしゃきサラダ

しゃきしゃき しゃきしゃき しゃきしゃき

→ p53

長芋と意外なほど合うトマトの酸味

ドライトマトと長芋

→ p52

葡萄酢で甘ずっぱい、かわりきんぴら

れんこんのバルサミコきんぴら

Grissini

ハーブが入った大人味

ローズマリーのグリッシーニ

→ p53

Cheese Cracker

ビールにもワインにも

チーズクラッカー

→ p53

豆乳で作る
健康的レシピ

**えびぷり
マヨネーズ**

→ p54

ひと粒、またひと粒、とまりません

かりかり炒り大豆

→ p54

粉チーズたっぷり

**ごぼうの
チーズかき揚げ**

→ p54

かりかり、しゃきしゃき

揚げ根菜とベビーリーフのサラダ

→ p55

私と山戸さんの好きな本、『食語のひととき』（早川文代／毎日新聞社）。こんがり、まろやか、しこしこ……など、食にまつわる言葉の由来をエッセイとしてまとめてあり、ためになっておもしろいのです。

このレシピでも取り上げた「しゃきしゃき」「かりかり」「ぷりぷり」は、すでに江戸時代からあった言葉だそうですよ。

固いものを食べるオノマトペ（擬音語・擬態語）だけでも、かりかり、がりがり、ぽりぽり、こりこり、ばりばり…と何種類もある日本語。豊かで美しい言葉が、母国語でよかった、と思います。（髙橋）

新鮮魚介を好きなだけ

かぶとお刺身のカルパッチョ

→ p55

→ p56

外はふわふわ、中はぷりぷり

タコの青海苔フリッター

→ p55

ぷりぷり、ほくほく、かりかりの３つの食感

えびとそら豆のスティック春巻き

p44

みずみずしいサラダ。ツナを入れても

セロリとりんごのしゃきしゃきサラダ

◎ 材料（4人分）

セロリ … 1本（斜めにスライス）
セロリの葉っぱ … 1本分
りんご … 1／4個（いちょう切り）
オリーブオイル … 小さじ1
塩 … ひとつまみ
ブラックペッパー … 少々

◎ 作り方

1. セロリの葉っぱは、塩（分量外）をひとつまみ入れたお湯でさっと茹で、ザルに上げ冷水にさらす。水けを切り、ざく切りにする。
2. ボウルにすべての材料を入れてよく混ぜる。

p44

しゃきっとした食感は、炒めすぎないこと。強火でさっと！

豆もやしの炒め物

◎ 材料（4人分）

豆もやし … 1袋
クレソン … 1束（ざく切り）
にんにく … 1／2かけ（スライス）
ごま油、醤油 … 各小さじ1
塩 … ひとつまみ
こしょう … 少々

◎ 作り方

1. フライパンにごま油を熱し、にんにくを加えていい匂いがするまでさっと炒めたら豆もやしを加えて強火で1分ほど炒める。
2. 豆もやしがしんなりしてきたら、クレソンを加えて20秒ほど炒め合わせ、醤油をまわしかけ、塩、こしょうで味をととのえる。

p45

調味料をよく煮詰めると味に深みが出ますよ

れんこんのバルサミコきんぴら

◎ 材料（4人分）

れんこん … 中1節（5ミリのいちょう切り）
にんにく … 1かけ（みじん切り）
オリーブオイル … 小さじ1
バルサミコ酢 … 大さじ1
甜菜糖、醤油 … 各小さじ1
塩 … 少々

◎ 作り方

1. フライパンにオリーブオイルとにんにくを入れて中火にかけ、にんにくのいい匂いがしてきたら、れんこんを加えて弱火で炒める。
2. れんこんが透き通ってつやつやしてきたら、調味料を加えて中火にして煮からめる。

p45

和の食材を、ドライトマトとオリーブで洋風に

ドライトマトと長芋

◎ 材料（4人分）

ドライトマト … 2〜3枚
長芋 … 10センチ（短冊切り）
オリーブ … 6個
塩 … 小さじ1／2
こしょう … 少々
酢 … 大さじ1
オリーブオイル … 大さじ1／2

◎ 作り方

1. ドライトマトはぬるま湯に漬けてもどし、千切りにする。
2. ボウルにすべての材料を入れて和える。

p46

定番の生ハムをまいたり、パルメザンチーズを振りかけて

ローズマリーのグリッシーニ

◎ 材料（作りやすい量）

小麦粉 … 170グラム
ベーキングパウダー … 小さじ1
塩 … 小さじ1／4
オリーブオイル … 小さじ2
ローズマリー … 小さじ1（細かいみじん切り）
水 … 1／4カップ

◎ 作り方

1. ボウルに小麦粉とベーキングパウダーを入れて混ぜる。
2. 残りの材料も加えて手で混ぜる。全体がひとつにまとまったら、ラップに包んで30分休ませる。
3. 2をふたつに切り分けて、直径1センチの太さになるように細くのばし、長さ20センチずつに切る。表面にオリーブオイル（分量外）を塗って180℃に予熱したオーブンで30分焼く。

グリッシーニは、細長いクラッカーのようなもの。ビールや白ワインに合いますよ

p47

よく炒めた玉ねぎを加えて、オニオンチーズクラッカーにしても

チーズクラッカー

◎ 材料（作りやすい量）

小麦粉 … 100グラム
片栗粉 … 30グラム
塩 … 小さじ1／4
オリーブオイル … 大さじ2
水 … 1／4カップ
粉チーズ … 30グラム
ブラックペッパー … 少々

◎ 作り方

1. ボウルに小麦粉と片栗粉を入れて混ぜ、残りの材料も加えて手で混ぜる。
2. ひとつにまとまったら上下からラップではさんで、5ミリの厚さにのばす。包丁で3センチ角になるよう切り込みを入れる。
3. 2にフォークで穴を開けて天板にのせ、180℃に予熱したオーブンで30分焼く。焼き上がったら、ばらばらになるようそっと割る。

p48

砂糖醤油のカラメルコーティングでやみつきに

かりかり炒り大豆

◎ 材料（作りやすい量）

炒り黒大豆（普通の炒り大豆でもよい）… 1カップ
甜菜糖、白すりごま … 各大さじ2
醤油 … 大さじ1

節分の豆ってあまりませんか？
そんなときにぜひ

◎ 作り方

1. フライパンに甜菜糖、醤油を入れて中火にかけ、甜菜糖が溶けて全体がぷくぷくと泡立ってきたら炒り大豆を加えてよく混ぜる。
2. 弱火にし、全体がベタベタとしてきたら白すりごまを加えてよく混ぜる。
3. 水分がとんでひと粒ひと粒がカラカラになったら火を止め、バットに広げて冷ます。

p48

力強いごぼうの風味が楽しめるかき揚げ。にんじんでもおいしくできます

ごぼうのチーズかき揚げ

◎ 材料（4人分）

ごぼう … 2本（ささがき）
塩 … 小さじ1／2
粉チーズ … 大さじ2
小麦粉 … 大さじ3
片栗粉 … 大さじ1
水 … 大さじ1／2

揚げ油 … 適量

◎ 作り方

1. ボウルにごぼうと塩を入れて軽くもみ、しっとりとしてくるまで少し置く。
2. 1に粉チーズ、小麦粉、片栗粉を加えてよく混ぜ、ごぼう1本1本に粉をよくまぶす。
3. 2に水を加えてもっちりとするまで混ぜる。180℃の油でかりっとするまで揚げる。

ごぼうは水にさらしません。ゴボウが黒くなるのはポリフェノールのせい。水にさらすと栄養が減ってしまいますよ

p48

豆乳なのに濃厚

えびぷりマヨネーズ

◎ 材料（4人分）

えび（ブラックタイガーなど）… 12尾（殻をむいて背ワタを取る）
にんにく … 1／2かけ（スライス）
ごま油 … 小さじ1
イタリアンパセリ … 適量

【豆乳マヨネーズ】
豆乳 … 1／2カップ
酢 … 大さじ1
塩 … 小さじ1／4
ごま油 … 小さじ1／2

◎ 作り方

1. 豆乳マヨネーズの材料をすべて混ぜる。
2. フライパンにごま油とにんにくを入れて火にかけ、にんにくのいい匂いがしてきたらえびを加えて中火で炒める。
3. えびが赤くなったら、1の豆乳マヨネーズを加えて炒め合わせる。皿に盛り、イタリアンパセリを飾る。

p49

家にある根菜ならなんでも。たくさん野菜が食べられますよ

揚げ根菜とベビーリーフのサラダ

◎ 材料（4人分）

にんじん … 1／4本（スライス）
れんこん … 小1節（スライス）
ごぼう … 1／4本（斜めにスライス）
さつまいも … 小1／2本（スライス）
ベビーリーフ … 食べたいだけ
塩 … 小さじ1／2
ブラックペッパー … 少々
バルサミコ酢 … 小さじ1

揚げ油 … 適量

◎ 作り方

1. 根菜は160℃の油でかりかりになるまでじっくり揚げ、キッチンペーパーでしっかりと油を切る。
2. 皿にベビーリーフを盛り、上に1を乗せて上から塩、ブラックペッパー、バルサミコ酢をかける。

根菜はかりかりに揚げるため、なるべく薄く切りましょう。手を切らないようにご注意を！

p50

えび、鯛、はまち、まぐろなど好きな刺身をゆず風味で

かぶとお刺身のカルパッチョ

◎ 材料（4人分）

かぶ … 2個（薄くスライス）
かぶの葉っぱ … 1本分
オリーブオイル … 大さじ1
ゆずの皮 … 少々（千切り）
刺身の盛り合わせ（鯛・はまち・まぐろなど）… 4人分

【マリネ液】
酢 … 大さじ1
塩 … 小さじ1／4
醤油 … 小さじ1
甜菜糖 … 小さじ1／2

◎ 作り方

1. マリネ液の材料をよく混ぜ、刺身にからめて冷蔵庫で1時間ほどおく。かぶの葉っぱはさっと塩茹でしてザルに上げ、冷水にさらしてから軽く水けを切って、ざく切りにする。
2. 皿に1の刺身とかぶを盛りつけ、上にかぶの葉っぱをちらして上からオリーブオイルとゆずの皮をかける。

p51

おつまみっぽさを出すために、細めのスティック状に巻きました

えびとそら豆のスティック春巻き

◎ 材料（10本分）

芝えび … 30尾（殻をむいて背ワタを取る）
そら豆 … 20個
オイスターソース … 小さじ1
片栗粉 … 小さじ1
春巻きの皮 … 10枚

揚げ油 … 適量

◎ 作り方

1. 芝えびはさっと茹で水けをきる。そら豆は固めに塩茹でし、皮をむく。
2. ボウルに1を入れ、オイスターソースと片栗粉で和え、春巻きの皮で包む。
3. 180℃の油でこんがりキツネ色になるまで揚げる。

p51

みんなが大好きな磯辺揚げ。青海苔がなければ、海苔を小さくちぎって入れても

タコの青海苔フリッター

◎ 材料（2人分）

タコ … 150グラム（1センチ角に切る）
小麦粉 … 大さじ2

【衣】
小麦粉 … 大さじ3
片栗粉 … 大さじ1
塩、ベーキングパウダー … 各小さじ1／2
醤油 … 小さじ1
青海苔 … 大さじ2
水 … 1／4カップ

揚げ油 … 適量

◎ 作り方

1. タコに小麦粉をまぶす。
2. 衣の材料をすべてよく混ぜ、1のタコをくぐらせて180℃の油でややキツネ色になるまで揚げる。

私たちは、全国の味を訪ねることを
ライフワークとしているので、
よく地酒をいただいたり、
その土地の酒蔵を訪れたりします。
ふだんはスーパーやデパ地下でお酒を買うのですが、
最近、地元の酒屋って素敵だな、
と思うようになりました。
やっぱり、餅は餅屋。
お酒を愛する店主が営む酒屋は、
品揃えの目線も接客も、とてもよくて
知らない楽しみを教えてくれます。
これも東京にいながらどこかとつながる行為かな、と思います。

個人的に、
酒屋にふらふら行くもうひとつの理由は、瓶ビールがあるから。
私は小瓶くらいがちょうどいい。
あのひとりでも飲みきれるサイズ、小さくても完璧なフォルム、
そして生や缶とはまた違ったおいしさ。
仕事帰り、駅に下りたち、まだ酒屋が空いている時間だと
ひとりの晩酌だとしても、なんだか気持ちが明るくなるのです。（高橋）

㊁おいがいい

いいにおい！は、
「美味」を形成する立派な要素のひとつ。
なにより口に入れる前よりも、
先に感じられるので、
食欲をそそってテンションをあげるには
わざといいにおいがするようなメニューを
考えるのも、愛酒家のにくいたくらみ。
にんにく、スパイス、ハーブ、
柑橘類、ごま油など
いいにおい！を生み出す食材のオールスター
の登場ですよ。

→ p62

マッシュルームの土っぽさと、
セージのさわやかな香り

マッシュルームとセージのレモンマリネ

フライパンで熱したごま油に、にんにくを入れた瞬間。新鮮なハーブに包丁を入れた瞬間。さあさあ、食べようかと唐揚げにレモンを搾った瞬間。

一瞬だけわっと広がる香りは視覚よりも味覚よりも、がっと胃袋をつかむ突撃隊のような、大切なもの。誰かと飲んでいておつまみの最初の皿はお待たせしないように、かわきものや冷蔵庫に作り置きしたものだとしても、次の皿はこんな風にライブ感と嗅覚を刺激するおつまみを作るようにしています。いやがおうにも、食欲が引き出されてしまうのです。

（髙橋）

鶏肉と柑橘類。間違いない組み合わせ

チキンハム
柑橘ソース

→ p62

タイの青パパイヤサラダをアレンジ

キャベツのソムタム

→ p63

青臭さがやみつきです

パクチーサラダ

→ p63

味付けはシンプルに。絞りたてのレモンの香りをいただく料理です

p58 マッシュルームとセージのレモンマリネ

◎ 材料（4人分）

マッシュルーム … 15個くらい
セージの葉っぱ … 10枚
レモン … 1／2個（くし切り）
塩、こしょう … 少々
オリーブオイル … 小さじ1

◎ 作り方

1. ボウルにマッシュルームとセージの葉っぱを入れ、塩、こしょうとオリーブオイルで和える。
2. 1を皿に盛り、食べる直前にレモンを絞る。

自家製のハムはオレンジとレモンのさっぱりソースで

p59 チキンハム 柑橘ソース

◎ 材料（4人分）

鶏むね肉 … 1枚
塩 … 大さじ1／2
パセリの葉っぱ … 1／2カップ（みじん切り）
ラディッシュ … 2〜3個（縦半分に切る）

【茹で汁】
水 … 1リットル
生姜 … 1かけ
香味野菜（セロリの葉っぱ、パセリの茎、長ねぎの青いところなど）… 1／2カップ分
塩 … 大さじ1／2

【柑橘ソース】
オレンジ果汁 … 1／2個分
レモン果汁 … 1個分
オリーブオイル … 大さじ2
塩 … 小さじ1／2
ブラックペッパー … 少々

◎ 作り方

1. 鶏肉は分厚い所に包丁で切り込みを入れて開き、身の方に塩をまぶし5分ほど置く。さらにパセリを乗せ、端から巻いてたこ糸でしばる。
2. 茹で汁の材料を火にかけ、沸騰したら1の鶏肉を入れて火を止めふたをして常温まで冷ます。完全に冷めたら冷蔵庫で汁ごと冷ます。
3. 柑橘ソースの材料をすべて混ぜる。
4. 2の鶏肉を1センチの輪切りにしてラディッシュと一緒に皿に盛り、3の柑橘ソースをかける。

p60

ナンプラーとにんにくのドレッシングがビールに合います

キャベツのソムタム

◎ 材料（4人分）

キャベツ … 1／8個（食べやすい大きさにちぎる）
パクチー … 好きなだけ（ざく切り）

【たれ】
にんにく … 1かけ
干しえび、ナンプラー … 各大さじ1
甜菜糖 … 小さじ1
塩 … ひとつまみ
ピーナッツ … 1／4カップ
赤唐辛子 … 1本（種を出す）

◎ 作り方

1. たれを作る。すり鉢ににんにくを入れてつぶし、残りの材料も加えて軽くつぶす。
2. 1にキャベツとパクチーを加えてしんなりするまで混ぜる。

p61

パクチー好きのためのサラダ

パクチーサラダ

◎ 材料（4人分）

パクチー … 2袋（葉っぱと茎をわける）
ごま油 … 大さじ1
生姜 … 1かけ（みじん切り）
ちりめんじゃこ … 1／4カップ
塩 … ひとつまみ

◎ 作り方

1. パクチーの葉っぱは食べやすい大きさにちぎり、茎は細かく切って一緒に皿に盛る。
2. フライパンにごま油と生姜、ちりめんじゃこを入れて中火にかけ、油が温まってきたら弱火にしてちりめんじゃこがかりかりになるまで揚げ焼きにする。
3. 1のパクチーの上に2をかけ、塩をふる。

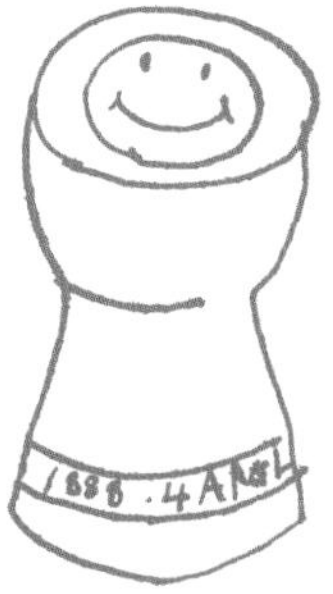

ココナッツのまるい味が、
赤ワインと合います

チキンソテー ココナッツミルク風味

◎ 材料（4人分）

鶏もも肉 … 2枚（半分に切る）

【漬けだれ】

ココナッツミルク … 1カップ

ナンプラー … 大さじ1

にんにく … 1かけ（すりおろし）

塩 … 小さじ1／2

◎ 作り方

1. 漬けだれの材料をすべて混ぜあわせ、鶏肉を漬けて冷蔵庫でひと晩置く。
2. フライパンに1の鶏肉のたれを軽く落としてから皮目を下にして並べて火にかけ、フライパンが温まってジューと音がしてきたら、ふたをして弱火で15〜20分ひっくり返さずに焼く。

少し酸味があるレモンのような風味

いんげんのレモングラス炒め

◎ 材料（4人分）

いんげん … 10～15本（すじを取る）
レモングラス …（15センチくらいのもの）4本
にんにく … 1／2かけ（スライス）
サラダ油 … 小さじ1
酒 … 大さじ1
塩、こしょう … 少々

◎ 作り方

1. フライパンに油とにんにくを入れて火にかけ、にんにくのいい匂いがしてきたらいんげんとレモングラスを加えて中火で1～2分炒める。
2. 全体がつやつやしてきたら酒をふってふたをし、いんげんに火が通るまで弱火で蒸し焼きにする（少し固いくらいでよい）。
3. 最後に塩、こしょうで味をととのえる。

ふわりとハーブが香る

牡蠣とディルの
クリームグラタン

→ p70

バジルとチーズがとろり

ジェノベーゼ
ブレッド

→ p70

クミンの芳香！

じゃがいもと小豆のスパイス煮込み

→ p71

ごまの香り！

ゴーヤの香り揚げ

→ p71

牡蠣油のうま味が効いてます

たけのこ
パプリカ
チャイニーズ！

→ p72

香味野菜、ハーブ、リキュールの三位一体 !!

鰯のジャークフィッシュ

→ p72

p66

ハーブのなかでもさわやかなディルを使って、大人の味に

牡蠣とディルのクリームグラタン

◎ 材料（2〜3人分）

生牡蠣 … 200グラム
ディル … 大さじ1（粗みじん切り）
オリーブオイル … 小さじ1
白ワイン … 大さじ1
ミックスチーズ … 適量

【豆乳ベシャメルソース】
小麦粉、サラダ油 … 各大さじ2
豆乳 … 1・1／2カップ
塩 … 小さじ1／4
こしょう … 少々

◎ 作り方

1. 豆乳ベシャメルソースを作る。鍋に油と小麦粉を入れて混ぜ、油に粉が溶けたら火にかける。油が温まってしゃわしゃわしてきたら弱火にして1分ほど炒め、一度火を止める。
2. 1に豆乳を一気に加えてよく混ぜ、再度火にかける。とろみがついてきたら弱火にし、ふつふつしてから1分ほど加熱し、塩、こしょうで味をととのえる。
3. 別のフライパンにオリーブオイルを熱し、牡蠣を加えて強火でさっと炒める。
4. 3に白ワインを加えてアルコールがとぶまで炒め、ディルを加えて火を止める。
5. 4を耐熱皿に移して、上に2のベシャメルソースとミックスチーズをのせる。200℃のオーブンでチーズにこんがり焼き色がつくまで10分ほど焼く。

ベシャメルソースを上手に作るコツは、火を止めてから豆乳を一気に加えること！ そうするとダマができないですよ

p66

バジルとチーズたっぷりのおつまみパン。白ワインに

ジェノベーゼブレッド

◎ 材料（4人分）

直系15センチくらいの丸形フランスパン … 1個

【バジルペースト】
バジルの葉っぱ … ぎゅうぎゅうに詰めて1／2カップ
松の実 … 大さじ2
塩 … 小さじ1／4
オリーブオイル … 大さじ2
ミックスチーズ … 1／4カップ

◎ 作り方

1. バジルペーストを作る。バジルペーストのすべての材料をブレンダーにかけてペースト状にする。
2. パンを手でちぎり、上に1のペーストを塗ってこんがり焼き色がつくまでオーブンやトースターで焼く。

p67

とろりと煮込まれた玉ねぎにクミンの香り

じゃがいもと小豆のスパイス煮込み

◎ 材料（作りやすい量）

玉ねぎ … 1／2個（みじん切り）
じゃがいも … 小10個
（普通の大きさなら3個を4～6等分）
茹で小豆 … 1／4カップ
小豆の茹で汁 … 2カップ
にんにく … 1かけ（みじん切り）
クミンシード … 小さじ1／2
サラダ油 … 大さじ1

塩 … 小さじ1

【スパイス】
クミンパウダー、コリアンダーパウダー … 各小さじ1／4
ブラックペッパー … 少々

◎ 作り方

1. 鍋にサラダ油とにんにく、クミンシードを入れて中火にかけ、にんにくとクミンのいい匂いがしてきたら玉ねぎを加えてキツネ色になるまで炒める。
2. 1にじゃがいもと小豆の茹で汁を加え、沸騰したらふたをして弱火でじゃがいもがやわらかくなるまで煮込む。
3. 2に小豆と塩、スパイスを加えて味をととのえ、5分ほど煮て火を止める。

茹で小豆の作り方は、たっぷりの水に小豆を入れて火にかけ、沸騰したら弱火にして、常に小豆に水がかぶるように水を足しながら少し芯が残るくらいの固さになるまで30分ほど茹でます

p68

白ごまをたっぷり衣に使うのがおいしいポイント

ゴーヤの香り揚げ

◎ 材料（作りやすい量）

ゴーヤ … 1本（種をとって1センチの輪切り）
塩 … ふたつまみ

【衣】
小麦粉 … 大さじ3
片栗粉 … 大さじ1
白ごま … 大さじ2

ごま油 … 適量

◎ 作り方

1. ゴーヤに塩をまぶしてしっとりしてくるまで置く。
2. 衣の材料をよく混ぜ、1のゴーヤにまぶす。180℃の油でほんのりキツネ色になるまで揚げる。

ゴーヤは二等分してスプーンで種を取り出したあと、スライスします。ドーナツ状になりましたか？ 切る向きを間違えると半円になりますから、ご注意を。ごま油は少なめでOK。もちろんサラダ油でも

p68

スパイスの複雑な香り

鰯のジャークフィッシュ

◎ 材料（4人分）

鰯 … 4尾（うろこと内臓をとる）

【漬けだれ】

香味野菜（セロリの葉っぱ、パセリ、

長ねぎの青いところなど 2〜3種）… 1カップ分（みじん切り）

ドライオレガノ（お好みで）… 小さじ1

にんにく … 1かけ（みじん切り）

生姜 … 1かけ（みじん切り）

塩 … 小さじ2

醤油 … 小さじ1

カシスリキュール（もしくはラム酒）… 大さじ2

好みのスパイス

（コリアンダー、クミン、カルダモンなど）… あわせて小さじ1分

ブラックペッパー … 小さじ1／2

ベビーリーフ、好みのハーブ … 適量

ピンクペッパー … 適量

◎ 作り方

1. 漬けだれの材料をすべて混ぜ合わせ、鰯を漬け込む（内臓部分にも詰める）。
2. 冷蔵庫でひと晩置き、こんがり焼き色がつくまで中火のグリルで両面焼く。
3. ハーブを混ぜたベビーリーフを皿に盛り、上に2の鰯を乗せてピンクペッパーをふる。

ジャークフィッシュとは、ジャマイカ料理でジャークシーズニングという調味料に漬け込んだ魚のこと。鰯じゃなくても白身の魚ならたいていおいしいですよ。ジャークチキンやジャークポークなど肉を漬け込んでも。香味野菜とスパイスはいろんな種類をブレンドすると、味に深みが出ます。ターメリックやガラムマサラは、カレー味になってしまうので入れないでくださいね

p69

中華の定番、オイスターソース炒め

たけのこ　パプリカ　チャイニーズ！

◎ 材料（4人分）

茹でたけのこ … 1本（くし切り）

赤パプリカ … 1個（くし切り）

クレソン … 1束（ざく切り）

にんにく … 1かけ（スライス）

ごま油 … 小さじ2

オイスターソース … 大さじ1

塩、こしょう、醤油 … 少々

◎ 作り方

1. フライパンにごま油とにんにくを入れて火にかける。にんにくのいい匂いがしてきたら、茹でたけのこと赤パプリカを加えて強火で炒め合わせる。
2. しんなりしてきたらオイスターソースを加え、塩、こしょう、醤油で味をととのえる。
3. 最後にクレソンを加えて火を止め、余熱でさっと炒める。

㊍かほか

ほかほか、あつあつ、ほくほく。
あたたかいおつまみを、
冷たいビールやハイボールで流し込むおいしさ。
猫舌だった子供の頃にはできなかった、
大人になったからこその味わい方。

湯気もおいしさのひとつ

きのこと油麩の鍋

→ p78

熱々、ピリ辛

コリアンTOFU

→ p78

ほかほか！を楽しむための道具はたくさんあります。その中でも外せないと思うのは、せいろと土鍋。
　せいろは蒸したてをそのまま食卓に出せるし、4段5段と積み上げれば台湾の点心気分。
　土鍋は保温力がとても高く、ガスコンロからテーブルに持ってきてもそのグツグツ力は衰え知らず！
　なくてもいいけれど、料理がおいしくなるし、昔から愛され続けていて、気持ちも盛り上がる道具です。（山戸）

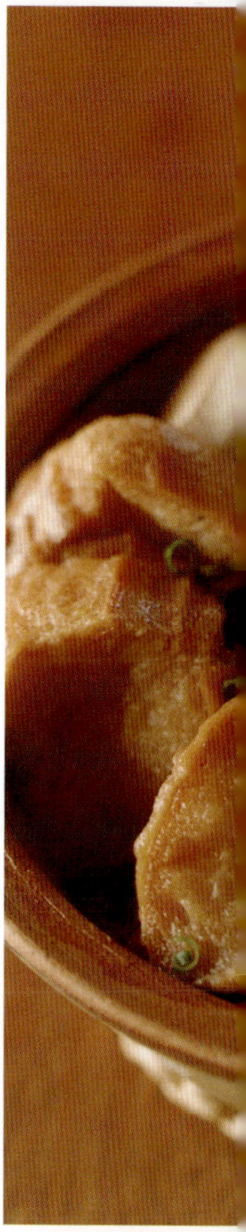

ブロッコリー入り、小さめサイズ

おつまみ茶碗蒸し

→ p78

日本酒、焼酎のおとも

れんこんの蒸し団子

→ p79

人が集まるとき、普段よりほんの少しだけ私の家のテーブルはよそゆきな顔をします。使っているのは普段と変わらないお皿や食材だったとしても、ひと皿ひと皿の盛り付けにいつも以上に心を配ります。

キャンバスに絵を描くようなそんな気持ちで食卓を作っているのかもしれません。食べている人に目でも楽しんでもらえるように。ちいさなひと皿にも物語を感じられるように。

そんな小さな願いがまだまだ未熟な私の料理のおいしさの後押しをしてくれているような気がしています。

（野川）

ハイボールと！

キャベツのパイ

→ p79

土曜日、昼過ぎから飲むときに

**スパイシーポテト
& チリサルサ**

→ p80

具材次第でお酒にも合うんです

**オリーブと
ほうれん草の
おつまみホットサンド**

→ p80

p74

韓国風のちょっと辛いタレ。ビールにはもちろん、意外にも日本酒に合います

コリアン TOFU

◎ 材料（2～3人分）

木綿豆腐 … 1丁（8等分）
ごぼう … 1／3本（ささがき）
長ねぎ … 1本（斜めスライス）
ほうれん草 … 1／4束（ざく切り）
だし … 1カップ
（具が1／3浸かるくらい）

【たれ】
コチュジャン … 大さじ1・1／2
白ごま、ごま油 … 各小さじ1
酒 … 大さじ1

◎ 作り方

1. 鍋に豆腐とごぼう、長ねぎを入れてだしを注ぎ、ふたをして火にかけ沸騰したら弱火にして煮る。たれの材料をよく混ぜておく。
2. ごぼうがやわらかくなったらほうれん草を加え、上にたれをかけてさらに1分ほど煮る。

p74

油麩はバケットのような大ぶりの麩。だしを吸うとジューシーで、おいしい

きのこと油麩の鍋

◎ 材料（2～3人分）

しめじ … 1パック（小房に分ける）
エリンギ … 1パック（スライス）
まいたけ … 1パック（小房に分ける）
油麩 … 1本（2センチの輪切り）
青ねぎ … 2～3本（小口切り）
だし … 1／2カップ
（具が半分浸かるくらい）
甜菜糖 … 大さじ2
酒、醤油 … 各大さじ1

◎ 作り方

1. 鍋にきのこ類と油麩を詰めてだしを注ぎ、火にかける。
2. 沸騰したら弱火にして調味料を加え、具材に火が通ったら最後に青ねぎをちらす。

p75

おつまみらしく、ぐい飲みでひと口サイズにつくります

おつまみ茶碗蒸し

◎ 材料（ぐい呑み4個分）

ブロッコリー … 4房
長ねぎ … 3センチ（小口切り）
たまご … 1個
だし … 1カップ
醤油 … 小さじ1
塩 … 少々

◎ 作り方

1. ボウルにたまごを割り入れてよくほぐし、だしを少しずつ加えてのばす。醤油と塩で味をととのえる。
2. ぐい呑みにブロッコリーと長ねぎを入れ、上から1のたまご液を注ぎ蒸気の上がったせいろに入れて弱火で10分ほど蒸す。

p75
せいろごと食卓に出して、ふたをぱかっ！ 幸せの湯気があがりますよー

れんこんの蒸し団子

◎ 材料（4人分）

鶏ひき肉 … 150グラム
れんこん … 中1節（半分はすりおろし、半分はみじん切り）
青ねぎ … 少々（小口切り）
片栗粉 … 大さじ1
塩 … 小さじ1／2
こしょう … 少々

◎ 作り方

1. ボウルにれんこんのみじん切り以外のすべての材料を入れ、少し粘りがでるまでこねる。
2. 1をひと口大に丸め、まわりにれんこんのみじん切りをまぶす。蒸気の上がったせいろで10分ほど蒸す。

p76
冷凍パイシートがあれば、具材は残り野菜でもチーズでもなんでもおいしいです

キャベツのパイ

◎ 材料（4人分）

キャベツ … 2〜3枚（千切り）
塩 … 小さじ1／4
ポピーシード … 小さじ1
ミックスチーズ … 1／4カップ
冷凍パイシート … 4枚
卵黄 … 1個分（溶く）

◎ 作り方

1. ボウルにキャベツと塩を入れてしんなりするまでもみ、ポピーシードとミックスチーズを加えて軽く混ぜる。
2. 解凍したパイシートの半分に1の具を乗せ、折りたたんで端を閉じフォークでしっかりととめる。
3. 表面に卵黄を塗って、200℃に予熱したオーブンでキツネ色になるまで20分ほど焼く。

p77

ほくほくポテトとさっぱりサルサ

スパイシーポテト&チリサルサ

◎ 材料（4人分）

じゃがいも … 4個（くし切り）
塩、ブラックペッパー、パプリカパウダー … 適量

揚げ油 … 適量

【チリサルサ】
トマト … 2個（粗みじん切り）
玉ねぎ … 1/4個（みじん切り）
塩 … 小さじ1/4
チリパウダー … 少々

◎ 作り方

1. チリサルサの材料をすべてよく混ぜる。
2. じゃがいもを180℃の油でこんがりキツネ色になるまでじっくり揚げ、キッチンペーパーで油をよくふき取る。
3. 2のじゃがいもに塩とブラックペッパー、パプリカパウダーをまぶす。チリサルサをつけて食べる。

p77

ホットサンドメーカーはあったらうれしい“ほかほかの道具”

オリーブとほうれん草のおつまみホットサンド

◎ 材料（4人分）

食パン … 4枚（8枚切り）
ほうれん草 … 1/4束（ざく切り）
黒オリーブ（種なし）… 10粒
にんにく … 1/2かけ（スライス）
オリーブオイル … 小さじ1/2
塩、ブラックペッパー … 少々
ミックスチーズ … 適量

◎ 作り方

1. フライパンにオリーブオイルとにんにくを入れて火にかけ、にんにくのいい匂いがしてきたらほうれん草と黒オリーブを加えて中火でさっと炒める。塩、ブラックペッパーで味をととのえる。
2. 食パンに1の具とミックスチーズを乗せ、もう一枚のパンでサンドする。
3. 油（分量外）を薄く塗ったホットサンドメーカーに、2を入れて両面にこんがり焼き色がつくまで弱火で焼き、小さめに切り分ける。

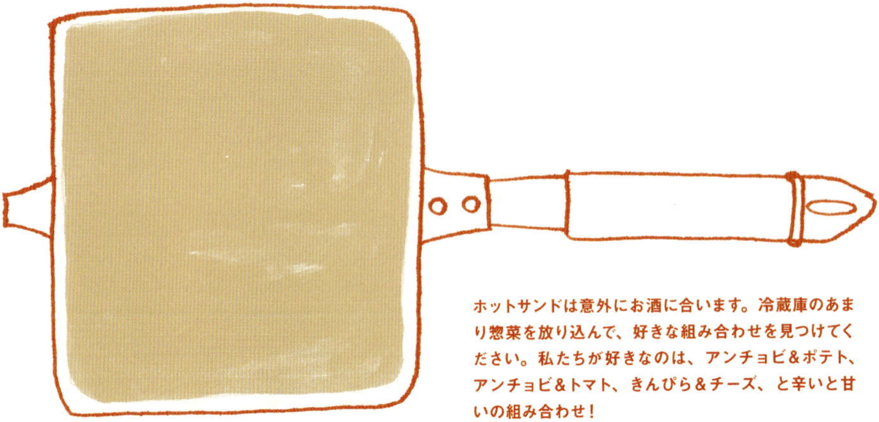

ホットサンドは意外にお酒に合います。冷蔵庫のあまり惣菜を放り込んで、好きな組み合わせを見つけてください。私たちが好きなのは、アンチョビ&ポテト、アンチョビ&トマト、きんぴら&チーズ、と辛いと甘いの組み合わせ！

べんり

「へ」は、べんり。市販のものに頼らなくても、おいしいたれやドレッシングは作れます。
アレンジがきいて健康的な、常備しておきたい便利なたれ４種。

野菜味噌

◎ 材料（作りやすい量）

にんじん、ごぼう … 各１／４本（みじん切り）
まいたけ … １／２パック（みじん切り）
長ねぎ … １／２本（みじん切り）
酒 … １／４カップ
味噌 … １／２カップ

◎ 作り方

鍋に野菜と酒を入れ、ふたをして火にかける。蒸気が上がったらら弱火にして野菜がやわらかくなるまで５分ほど蒸し煮にする。味噌を加えてよく混ぜ、水分がとんでもったりとするまで弱火にかける。焦がさないように絶えずかき混ぜること。
（冷蔵庫で２週間保存できます）

玉ねぎだれ

◎ 材料（作りやすい量）

長ねぎ … １本（みじん切り）
玉ねぎ、りんご …… 各１／２個（すりおろし）
にんにく … １かけ（みじん切り）
パクチー（苦手な人は入れなくても）… ２本（みじん切り）
ごま油、黒酢 … 各大さじ１
酒、醤油 … 各１／２カップ

◎ 作り方

鍋にごま油とにんにくを入れて火にかけ、いい匂いがしてきたら長ねぎを加えてしんなりするまで中火で炒める。すべての材料を加え、沸騰したら弱火にして酒がとぶまで５分ほど、煮詰める。
（冷蔵庫で２週間保存できます）

生姜だれ

◎ 材料（作りやすい量）

すりおろし生姜 … 大さじ１
みりん、醤油、水 … 各１／４カップ
白ごま … 大さじ１

◎ 作り方

すべての材料を鍋に入れて火にかけ、沸騰したら弱火にし５分ほど煮詰める。
（冷蔵庫で１ヵ月保存できます）

スパイシーだれ

◎ 材料（作りやすい量）

豆板醤 … 小さじ１
にんにく … １かけ（みじん切り）
甜菜糖 … 大さじ３
塩 … 小さじ１／２
酢、水 … 各１／２カップ

◎ 作り方

鍋に豆板醤以外の材料を入れて火にかけ、沸騰したら弱火にして５分ほど煮る。少しとろりとしてきたら豆板醤を加えて火を止める。
（冷蔵庫で１ヵ月保存できます）

玉ねぎだれ

温豆腐

絹豆腐 … 1／2丁（半分に切る）、生姜 … 1かけ（スライス）、青ねぎ … 1本（3センチの長さに切る）、玉ねぎだれ … 適量

●鍋に豆腐とかぶるくらいの水（材料外）、生姜、青ねぎを入れて火にかける。沸騰しそうになったら、弱火にしてじっくりと豆腐を温め、玉ねぎだれをかけて食べる。

たたききゅうり

きゅうり … 1本（3センチの長さに切る）、玉ねぎだれ … 大さじ1／2

●きゅうりはめん棒などで叩いて粗く崩し、玉ねぎだれと和える。

鶏の唐揚げ

鶏もも肉 … 1枚（ぶつ切り）、玉ねぎだれ … 1／2カップ、小麦粉 … 1／4カップ、揚げ油 … 適量

●鶏肉に玉ねぎだれをまぶして、冷蔵庫で1時間ほど漬け込む。鶏肉に小麦粉をふりかけ衣をつけ、180℃の油でややキツネ色になるまで揚げる。一度取り出し、5分ほど置いてから再度180℃の油でこんがりキツネ色になるまで揚げる。唐揚げは二度揚げが基本。一度、取り出ししばらく置くことで予熱で中まで火が通り、二度揚げることでまわりがかりッと揚がる。

ちんげん菜とカシューナッツの味噌炒め

ちんげん菜 … 2個（縦に4等分に切る）、カシューナッツ … 1/4カップ、ごま油 … 小さじ1、野菜味噌、酒 … 各大さじ1

●野菜味噌に酒を加えてよく混ぜる。フライパンにごま油を熱し、カシューナッツを加えて中火で軽く炒める。ちんげん菜も加えたら強火にしてさっと炒め合わせ、野菜味噌を加えて酒がとぶまで炒める。

イカ炒め

イカ … 1パイ（ワタをとって輪切り）、野菜味噌 … 大さじ1、酒、油… 各小さじ1、水 … 小さじ2

●野菜味噌に酒と水を加えてよく混ぜる。フライパンに油を熱し、イカを加えて中火で炒め、色が変わってきたら味噌をまわしかけ強火で炒め合わせる。

焼き栃尾揚げ

栃尾揚げ … 1枚（4等分に切る）、野菜味噌 … 1/4カップ

●栃尾揚げは真ん中に切り込みを入れ、野菜味噌を詰める。表面にこんがり焼き色がつくまでトースターかグリルで焼く。

野菜味噌

まぐろとミニトマトのスパイシーポキ

刺身用のまぐろ … 150グラム（ぶつ切り）、ミニトマト … 5〜6個（4等分に切る）、スパイシーだれ… 大さじ2、醤油 … 少々、青ねぎ … 適量

●すべての材料を混ぜ合わせ、冷蔵庫で1時間以上漬け込む。

きのこのスパイシーブルスケッタ

バゲット … 食べたいだけ（薄くスライス）、いろいろな種類のきのこ（しめじ、えのき、エリンギ、マッシュルームなど）… 1カップ分（小房にわける）、オリーブオイル … 小さじ1／2、スパイシーだれ … 大さじ1

●バゲットはトースターでかりかりに焼く。フライパンにオリーブオイルを熱し、きのこを中火で炒める。きのこがしんなりしてきたらスパイシーだれを加え、強火にしてさっと炒め合わせ、バゲットにのせる。

スパイシー冷や奴

豆腐 … 1／2丁（半分に切る）、スパイシーだれ … お好みで、春巻きの皮 … 1〜2枚（はさみで千切り）、揚げ油 … 適量

●180℃の油でキツネ色になるまで春巻きの皮を揚げてトッピングを作り、よく油を切って皿に盛る。豆腐をのせ、スパイシーだれをかける。

スパイシーだれ

生姜だれ

焼きねぎと油揚げの生姜煮

長ねぎ … 1本（2センチの長さに切る）、油揚げ … 2枚（2センチ角に切る）、生姜だれ … 大さじ2、水 … 1／2カップ

●鍋に長ねぎを入れて中火にかけ、箸で転がしながら表面にこんがり焼き色をつける。生姜だれを加えてさっと炒め、水と油揚げも加える。沸騰したら弱火にして、煮汁が少なくなるまで煮る。

メカジキの照り焼き

メカジキ … 2切れ、ごま油 … 小さじ1、生姜だれ … 大さじ2

●フライパンにごま油を熱し、メカジキを並べてふたをして弱火で蒸し焼きにする。こんがり焼き色がついたらひっくり返し、もう片面も焼く。生姜だれを加えて火を強め、よくからめる。

豆苗の生姜和え

豆苗 … 1袋、生姜だれ … 適量

●豆苗はたっぷりのお湯で茹で、ザルに上げて冷水にさらし水けを切る。軽く絞って、半分に切り生姜だれをたっぷりかける。

ドレッシングとソース

ワインを飲もうと集まるとき、用意するのは自家製ドレッシングと蒸した野菜、パンだけ。シンプルだけど、野菜がたくさん食べられてワインがすすみます。

Balsamic cassis
Carrot Butter

Anchovy Garlic

Balsamic Cassis

■ アンチョビガーリック

◎ 材料（作りやすい量）

にんにく … 1かけ（みじん切り）
アンチョビ … 2切れ（みじん切り）
オリーブオイル … 1／4カップ
酢 … 大さじ2
塩 … 適量

◎ 作り方

1. 鍋にオリーブオイルとにんにくを入れ火にかけ、いい匂いがしてきたらアンチョビを加えて、にんにくがキツネ色になるまで弱火で揚げ焼きにする。
2. 1に酢を加えてひと煮たちさせ、塩で味をととのえる。

■ バルサミコカシス

◎ 材料（作りやすい量）

バルサミコ酢 … 1／2カップ
カシスリキュール
（もしくは赤ワイン） … 1／4カップ
グレープシードオイル … 大さじ1
塩 … 小さじ1／2

◎ 作り方

1. 鍋にバルサミコ酢とカシスリキュールを入れて火にかけ、沸騰したら弱火にして半量まで煮詰める。
2. 1にグレープシードオイルを加えてよく混ぜ、塩で味をととのえる。

■ 豆乳マスタード

◎ 材料（作りやすい量）

豆乳 … 1／2カップ
粒マスタード … 大さじ1と1／2
ドライバジル … 小さじ1
塩 … 小さじ1／4
こしょう … 少々

◎ 作り方

1. 鍋に豆乳を入れて火にかけ、沸騰しそうになったら弱火にしてだいたい半量になるまで煮詰め、火を止める。
2. 1に残りの材料をすべて加えてよく混ぜる。

■ キャロットバター

◎ 材料（作りやすい量）

にんじん … 1本（2センチの角切り）
練りごま、片栗粉 … 各小さじ1／2
グレープシードオイル（もしくはなたね油）… 大さじ1／2
塩 … 小さじ1／4

◎ 作り方

1. にんじんはやわらかくなるまで蒸し、残りの材料と一緒にブレンダーにかけてペーストにする。
2. 1を鍋に移して中火にかけ、とろりとするまでよく混ぜながら加熱する。

とり

お酒のシメのことです。ごはんもの、
麺、甘いもの。翌朝後悔しないように、
あっさり味にアレンジしています。

チャーハンよりさっぱりと

ガーリックライス＆ひと口たまごスープ

◎ 材料（2人分）

[ガーリックライス]

ごはん … 茶碗2杯分
にんにく … 1／2かけ（みじん切り）
ごま油 … 小さじ1／2
塩 … ひとつまみ
ブラックペッパー … 少々

[たまごスープ]

だし … 1・1／2カップ
酒 … 大さじ1
醤油 … 小さじ1
塩 … 少々
たまご … 1個（溶く）
長ねぎ … 3センチ（小口切り）
青ねぎ … 少々（小口切り）

◎ 作り方

1. スープを作る。鍋にだし、長ねぎを入れて火にかけ、沸騰したら弱火にして酒、醤油を加え、酒がとんだら塩で味をととのえる。
2. 1にたまごを入れ、火を止める。器によそい青ねぎをちらす。
3. ガーリックライスを作る。フライパンににんにくとごま油を入れて火にかけ、焦がさないように弱火にしてこんがりキツネ色になるまで炒める。
4. ボウルに入れた温かいごはんに塩と3を加えて混ぜ合わせ、ブラックペッパーをふる。

ほっとする味、間違いなし

塩むすび＆アオサの味噌汁

◎ 材料（２人分）

[塩むすび]

炊きたてごはん … 茶碗２杯分

塩 … 少々

[味噌汁]

だし … ２カップ

味噌 … 大さじ１・１／２

アオサ … 適量

◎ 作り方

1. 味噌汁を作る。鍋にだしを入れて火にかけ、沸騰したら弱火にして味噌を溶き火を止める。アオサを入れた椀に注ぐ。
2. 塩むすびを作る。濡らした手に塩をなじませてごはんを握る。

だしが決め手！

素うどん

◎ 材料（2人分）

うどん … 2玉
青ねぎ … 少々（小口切り）

【つゆ】

水 … 4カップ
煮干し（大）… 6尾（頭とワタをとる）
だし用昆布 … 5センチ
かつお節 … 1／2カップ
甜菜糖、醤油、塩 … 各大さじ1
酒 … 大さじ2

◎ 作り方

1. つゆを作る。大きめの鍋に水と煮干し、昆布を入れて30分ほど置く。
2. 昆布が開いたら火にかけ、沸騰しそうになったら弱火にしてかつお節を加えてさっと混ぜる。
3. 2〜3分弱火で煮出したら火を止め漉す。
4. 3を再度火にかけ、甜菜糖、酒、醤油を加えてひと煮立ちさせ、酒がとんだら最後に塩で味をととのえる。うどんを表示どおりに茹でて碗に盛り、上から4のつゆをかけて青ねぎをちらす。

野菜のうま味たっぷり

野菜スープパスタ

◎ 材料（2〜3人分）

にんじん … 1／2本（1センチの角切り）
じゃがいも … 小1個（1センチの角切り）
黄ミニトマト … 4個
玉ねぎ … 1／2個（みじん切り）
セロリの葉っぱ … 1／2本分（みじん切り）
にんにく … 1／2かけ（みじん切り）
オリーブオイル、塩 … 各小さじ1
水 … 3カップ
酒 … 大さじ1
ショートパスタ … 1／4カップ

◎ 作り方

1. 鍋にオリーブオイルとにんにくを入れて火にかけ、にんにくのいい匂いがしてきたら、玉ねぎを加えてしんなりするまで中火で炒める。
2. 1に残りの野菜をすべて加えて炒め合わせ、全体にしんなりとしてきたら水を加えてふたをする。
3. 沸騰したら弱火にし、酒を加えて30分ほど煮込む。最後に塩で味をととのえる。
4. 別の鍋でショートパスタを茹で、3に加えてさっと煮る。

カロリー控えめ。
おかわりして下さい

豆腐のティラミス

◎ 材料（4〜5人分）

絹豆腐 … 200グラム
マスカルポーネチーズ … 250グラム
たまご … 2個
甜菜糖 … 40グラム
粉寒天 … 小さじ2
水 … 1／4カップ

ココナッツサブレ（市販のもの）… 適量
（粗めに砕く）
ココアパウダー … 適量

◎ 作り方

1. たまごを卵黄と卵白にわける。ボウルに絹豆腐を入れて、なめらかになるまで泡立て器でよく混ぜる。
2. 1にマスカルポーネチーズ、卵黄、甜菜糖の順で加えて、甜菜糖が溶けるまでよく混ぜる。
3. 小鍋に粉寒天と水を入れて火にかけ、沸騰したら火を止め2に加えてよく混ぜる。
4. 卵白を8分立てに泡立て、3に加えて泡をつぶさないようにさっくりと混ぜ合わせる。
5. 器の底にココナッツサブレを敷き詰め、上に4を流し込んで冷蔵庫で冷やし固める。最後にココアパウダーをふりかける。

つるんと、ごちそうさま

豆乳杏仁豆腐

◎ 材料（4人分）

豆乳 … 1／2カップ
杏仁霜《そう》、甜菜糖 … 各大さじ 2
粉寒天 … 小さじ 2
水 … 1／2カップ
みかん … 1個（薄皮をむいて実を出す）

【シロップ】
グラニュー糖 … 1／4カップ
水 … 1カップ

◎ 作り方

1. シロップを作る。鍋にグラニュー糖と水を入れて火にかけ、砂糖が溶けたら火を止める。粗熱をとり、冷蔵庫で冷やす。
2. 杏仁豆腐を作る。鍋に粉寒天と甜菜糖、水を入れてよく混ぜ火にかける。沸騰したら火を止める。
3. 2に豆乳と杏仁霜を加えてよく混ぜ、型に入れて冷蔵庫で冷やし固める。
4. 3を切り分けてみかんと一緒に皿に盛り、1のシロップをかける。

料理上手というのはアドリブがきくように思います。
プロの料理家の山戸さんはさておき、
しみずさんにしても
「出張が多いからほとんど料理しないのー」と
言っていた野川さんまで、
みな不意打ちの来訪にも動じず
(家が近いのでふらっと遊びに行くのです)、
ささっとおいしいつまみを作ってくれます。

とはいえ、「適当でごめんね」といいながら。
赤ワインの入ったグラスを片手に、
すでに赤い頬でキッチンに立ちながら。
料理上手はひと味違います。
炒めものは簡単でいいよね、とはいうものの、
絶妙の水分加減になるように
じっくり炎を調節して炒めます。
鶏肉に塩をまぶすのも、
あまり長い間置いておくと水分が出ていってしまうから
ほんの数分でいいのと言いながらジューと皮から焼き
かりっと焼き上げるためには、
最後にフライパンから余分な油を拭き取ってから
両面を強火で焼く、なんていう技をさらりと見せてくれます。

本の中で、細やかに調味料を記していますがあくまで目安。
台所にいつもあるような食材で代用してもらって、
調理法はある程度きちんと守り、
味の調節は好みに合わせてアドリブ的に作るほうが
料理の想像力や意欲をかき立てられるし、
そうそう、これが今、食べたかった味！と
胃袋と食欲がぴったりはまるような気がします。　(髙橋)

酒中日記

いつも行き当たりばったり、
胃袋と気分、メンバー次第で
おつまみを作っているけれど、
年に数回はちゃんと計画をして
季節の行事ごとを楽しんでいます。

自然に囲まれて
ごはんを食べるのが好きな私たちの
年中行事はたいてい、いつも同じ。
春にはお花見。
夏にはバーベキュー。
中秋の名月観賞。
寒い冬は、暖かな室内で年忘れ。

その季節だけの旬の味と
それに合うお酒を持ち寄って。
春夏秋冬の風景と
レシピをまとめた「酒中日記」です。

●「酒中日記」（P97～）の料理の分量はすべて4人分です。

特別仕様

はる

あまり予算はないくせに引っ越そうと家を探すとき、あれこれと注文をつけたがる。今の家は、長く空いていたようで家賃が格安だったこともあったが、その注文をすべてクリアしていた。

「こんな古いとこ住んでどうすんねや」と、父は保証人になるのをしぶったが、私の長年の賃貸暮らしの中でも上位に入るみっけもんだった。シンクがふたつもついた昔懐かしい、広めのホーローキッチン。窓から見えるのは、大家さん宅の庭の大きな木。そして、自由に入っていい屋上。誰かが家庭菜園をしているのも好ましかった。

入居したのは12月。

片付けを手伝いに来てくれた花屋の友人が、窓の外をちらと見て、こういった。

「おお、桜の木だね」

自然ユニットなど名乗りながら、そういわれるまで桜だとまったく気がつかなかった。幹の様子で樹種が見分けるなんて考えたこともなかった。

そうか、あれは桜の木なのか。

はたして、3月の終わりに花は咲いた。4月生まれの友人のサプライズ会を屋上でやろうとえっちらおっちら、イスやテーブルを階段で4階まで運び上げて宴会場の設営をする。

すぐそばから見下ろすことで新たに知る桜の美しさ。いつもより空に近いところで感じる、まだぬるい春の風。菜の花、伊予柑、ふきのとう、新じゃが、春の食材が詰まったお重。そして、淡い春に合うロゼのスパークリングワインと遠くに見える富士山。

編集者という仕事柄、出張であちこちに出かけているけれど、自分の家のテリトリー内もいいな、と思う。

わざわざ屋上で何かをしたいのは、理由がある。昔、好きな紅茶のコマーシャルがあった。屋上に張られたテント。のそりと起きてくる乙女ふたり。毛布にくるまって、朝やけの中、紅茶を入れて飲む。

あの自由で、ふざけていて、リリカルな空気。そんな少女時代を過ごしたかった。（が、ほど遠かった）

かわりに、テントで朝を迎え、そのまま缶ビールをあけるような仲間に恵まれてしまった。

この本の文章を書いている冬の終わり。もう、桜の芽がふくらみ始めている。恒例となりつつある、屋上での宴が待ち遠しい。

（髙橋）

春のお重

菜の花と伊予柑の和え物

◎材料

菜の花…1束(半分に切る)

伊予柑…1個(薄皮をむいて実を出す)

塩…小さじ1/4

醤油…少々

◎作り方

ひとつまみの塩を加えたお湯で菜の花の茎から茹で、30秒たったら花の方も入れてさらに30秒ほど茹でる。ザルに上げて広げて冷まし、伊予柑と調味料で和える。

ふきのとうと鰆のフリッター

◎材料

ふきのとう…8個

鰆…2切れ(半分に切る)

【衣】

小麦粉…1/4カップ

片栗粉…大さじ1

塩…ひとつまみ

炭酸水…適量

揚げ油…適量

◎作り方

小麦粉に片栗粉、塩をよく混ぜ、ふきのとうと鰆にまぶす。残った粉に炭酸水を少しずつ加えて、クレープ生地くらいの固さの衣を作る。ふきのとうと鰆を衣にくぐらせ、180℃の油でふんわりと衣が膨らんで、さらにまわりがかりっとするまで揚げる。

新じゃがのペッパーグリル

◎材料

新じゃが…2個(厚めの千切り)

サラダ油…大さじ1

塩、ブラックペッパー…適量

◎作り方

フライパンに油を熱し、じゃがいもを並べてふたをして弱火で蒸し焼きにする。時々へらでひっくり返し、じゃがいもがほくほくになったら、ふたを外して塩とブラックペッパーをふり、水けをとばすために強火で炒める。

おつまみ細巻き

◎材料

炊きたてごはん…2合分

【すし酢】

酢、甜菜糖…各大さじ4

塩…小さじ1

焼き海苔…4〜5枚(半分に切る)

◎巻いた具材あれこれ

●キムチと豆苗

キムチ1カップを細かく切り、ごま油でいい匂いがするまで炒める。炒めたキムチとさっと茹でた豆苗と混ぜる。

●ごま納豆とにんじん

にんじん1本を千切りにして塩揉みし、ごまを混ぜた納豆と和える。

●柚子こしょう風味の切り干し

水で戻した切り干し大根をさっとサラダ油で炒めて、ひたひたになるくらいだしを注いで、中火で煮る。煮汁が少なくなったら、ひとつまみの塩と柚子こしょうで味をととのえる。

●ツナ高菜

ツナ缶に細かく刻んだ高菜漬けを混ぜる。

◎作り方

小鍋にすし酢の材料を入れて火にかけ、ぶくぶくと沸騰したら火を止め冷ます。炊きたてのごはんにすし酢を加えて、切るように混ぜる。巻きすの上に海苔を置き、酢飯を薄く敷いて、手前から1/3くらいの所に好きな具を乗せてぐるっと巻き、食べやすい大きさに切る。

カセットコンロやアウトドア用のシングルバーナーを持ち出して、外でも火を使った料理をします。花冷えの季節は、温かい食べ物が染み渡る！ だからか私たちが外ごはんをするとき、せいろを使う料理が定番になりました。

そら豆とホタテのシュウマイ

◎材料

ホタテ（刺身用）…6個
木綿豆腐…一丁（水切りしておく）
片栗粉…大さじ1
塩…小さじ1／2
そら豆…16個（身を出す）
シュウマイの皮…16枚

◎作り方

ホタテはすり鉢で潰すようにすって、豆腐も加えてなめらかになるまでよく混ぜる。そこに片栗粉と塩を加えて混ぜ、シュウマイの皮で包んで上にちょこんとそら豆を乗せる。蒸気の上がったせいろにいれて10分ほど蒸す。

山戸さんからの差し入れは、ロゼのスパークリングワインに合うという、自家製豆のピクルス。小さな壺に入っているのは、塩。味の好みがそれぞれ違うから、七味唐辛子、さんしょうなど調味料、薬味も忘れずに。

ウドとあさりのきんぴら

◎材料

ウド … 2本（皮をむいて斜め切り）
あさり … 150グラム（砂抜きする）
生姜 … 1かけ（千切り）
ごま油、酒、醤油 … 各小さじ1
甜菜糖 … 小さじ1／2

◎作り方

フライパンにごま油を熱し生姜を加えてちゃっと炒めたら、ウドを加えてつやつやとしてくるまで中火で炒める。あさりも加えたら酒をふり、ふたをして弱火で蒸し焼きにする。あさりの口が開いたら調味料を加えて、炒め合わせる。

ローズマリー風味のいちごゼリー

◎材料

いちご…10粒くらい
水…3カップ
粉寒天…小さじ2
ローズマリー…2本
はちみつ…1／4カップ
バルサミコ酢…お好みで

◎作り方

鍋にバルサミコ酢以外の材料を入れて火にかけ、ぶくぶくと沸騰したら火を止めて容器に流し込む。粗熱がとれたら冷蔵庫で冷やし固めて、崩してお皿に盛る。お好みでバルサミコ酢をかけて食べると大人の味に。

なつ

梅雨の晴れ間
公園でのバーベキュー。
前日から空のようすが気になり、
そわそわとした気持ちになるのはいつものこと。

朝、
空の向こうがわに見える青空を見つけて
嬉しくなる。

いつもの公園にはお気に入りの場所がある。
大きな木の下の日なたと日陰のあいだ。

テーブルにかけた白いクロス。
葉っぱの影がお皿に映る。

まずはビール。大きく乾杯。
火をおこす。そして飲む。
飲みながら、料理のお手伝い。
つまみ食いして、またゴクリ。
白いテーブルにいっぱいの料理。
葉っぱの影がまた躍る。

光と影。

2回めの乾杯。
いただきます、の声。
食べる、食べる。

時々ぼんやりと
空を見る、木を見る、光を見る。
飲んで、食べて、喋って
時々ぼんやり。その繰り返し。

光と影のあいだ。
幸せな一日の過ごし方。

（野川）

BACARDI

デイキャンプをしに近場のキャンプ場や都内なら小金井公園に出かけます。おいしいバーベキューのポイントは、炭火は炭の量を増減して、弱火、中火、強火と３ゾーン用意しておく。野菜は乾燥しないように油を塗ってから焼く。肉は大きいまま焼いてから切る。同じ味ばかりにならないようにバーベキューのたれは自家製にして３種類くらい作っていく。あとは、太陽をたくさん浴びて、芝生の上でごろごろできるようにシートを持っていくことくらいでしょうか。

サテ

◎材料
鶏もも肉…1枚（1センチの細切り）
【たれ】
無糖ピーナッツバター…1／4カップ
ナンプラー…小さじ1
水…1／4カップ
こしょう…少々

◎作り方
鶏肉は波状に折り重なるように串にさして、中火の炭火の上に並べる。キツネ色になってきたらよく混ぜておいたたれを塗ってこんがりと仕上げる。

トルティーヤ

◎材料
小麦粉…200グラム
コーンフラワー…100グラム
サラダ油…大さじ1
水…3／4〜1カップ
塩…小さじ1／2

◎作り方
全部の材料をボウルに入れてこねる。ひとまとまりになって、表面がつやつやとしてきたら、ラップに包んで1時間くらい休ませる。ピンポン球よりちょっと大きいくらいに切り分けて手で薄く伸ばし、温めたフライパンで焼く（油はひかない）。生地の色が透き通ってきたら火が通っている証拠。火の通りが悪いときは、ふたをして焼くといい。野菜や肉、たれを好みで巻いていただく。

スパイシーシュリンプ

◎材料
えび（ブラックタイガーなど）…16〜20尾
（殻をむいて背わたをとる）
【たれ】
にんにく…1かけ（すりおろし）
玉ねぎ…1個（すりおろし）
サラダ油…大さじ1／2
パクチー…1本（みじん切り）
クミンパウダー…少々

◎作り方
えびをよく混ぜたたれにひと晩漬け込んでおき、フライパンにたれごと入れて中火にかけて、えびが赤くなるまでしっかりと炒める。

バーベキューのたれ

［トマト］
◎材料（作りやすい量）
トマトピューレ…1カップ
にんにく…1／2かけ（みじん切り）
オリーブオイル…小さじ1
醤油…小さじ1

◎作り方
鍋にオリーブオイルとにんにくを入れて火にかけ、いい匂いがしてきたらトマトピューレを加えて混ぜる。ぐつぐつしてきたらふたをして、弱火で5分ほど煮てから醤油で味をととのえる。

［きのこ］
◎材料（作りやすい量）
しめじ、エリンギ、まいたけ、えのきなど…1カップ分
酒、醤油、黒酢…各大さじ1
甜菜糖…小さじ1

◎作り方
鍋に全ての材料を入れて軽く混ぜて火にかけ、きのこがしんなりして酒の匂いがしなくなったら火を止める。

［バジル］
◎材料（作りやすい量）
バジル…ぎゅうぎゅうに詰めて1カップ分
水…1／2カップ
味噌…大さじ1
くるみ…大さじ1
塩、こしょう…少々

◎作り方
全ての材料をブレンダーにかけて、なめらかなペーストにする。

バーベキューチキン

◎材料
鶏もも肉…1枚
塩…小さじ1
こしょう…少々

◎作り方
鶏肉の焼き加減が均一になるように、分厚い部分には包丁で切り込みを入れて開き、塩、こしょうをふる。炭を中火になるよう調整し、皮目を下にして置き、ふたかアルミホイルで覆ってじっくり焼く。こんがり焼き色がついたら、ひっくり返してさらに焼く。

あき

来週あたり集まってごはんでも食べようか、と決まると、料理番である山戸さんにみんなが食べたいものをリクエストします。ほくほく好きな野川さんの希望に応えて、里芋と栗を使った料理や、お月見にちなんだ半熟たまごのサラダが山戸家のテラスに並びます。しみずさんが、ささっとお品書きを書いてくれました。

とりあえずビール！という季節は過ぎたから、今日は野川さんおすすめの赤ワイン。自転車のラベルが目印のチリワインです。「ボジョレーヌーボーの、まだ若い感じもけっこう好きよ」なんてたいしてワインの知識はないものの、まずは乾杯。
まあるい夜が始まります。

秋刀魚の七輪焼き

◎作り方

七輪に炭火をおこし、火が落ち着くまでの間に秋刀魚に岩塩とハーブをふっておく。網の上に秋刀魚をのせて、遠目の強火でじっくり全体にこんがり焼き色がつくまで焼く。

↓p114

満月のサラダ

◎作り方

小鍋にたまごとかぶるくらいの水を入れて火にかけ、ぶくぶくと沸騰したらすぐに火を止める。2分たったら、冷たい水に入れて冷まし殻をむく。皿にハーブミックスをこんもりとのせて、上に半熟卵ものせて黒酢とごま油をかける。↓p115

里芋と栗のローズマリーオイル煮

◎材料

里芋 … 小ぶりなものを8個
栗 … 8個
オリーブオイル … 里芋と栗がかぶるくらい
ローズマリー … 2本

◎作り方

里芋は皮をむく、栗も頑張って皮をむく。全部の材料を鍋に入れて火にかけ、油が温まって里芋や栗から小さな泡がじわじわ出ているくらいの低温でじっくりと揚げる。まわりが少しこんがり、かりっとしてきて、竹串がすーっと入るくらいやわらかくなったら食べごろ。泡がいっぱい出るのは油の温度が高い証拠なので火を弱めましょう。

柿とカッテージチーズ

◎材料

柿 … 1個（食べやすい大きさに切る）
オリーブオイル、酢 … 各小さじ1
塩 … ふたつまみ
カッテージチーズ … 1／2カップ
バジルの葉っぱ … 6枚

◎作り方

全部の材料をボウルにいれてよく混ぜる。

いちじくの温かいデザート

◎材料

いちじく … 4個
シナモンスティック … 1本
ラム酒 … 小さじ1

◎作り方

アルミホイルを十字に重ねてまん中にいちじくを置く。上からラム酒をふってシナモンと一緒にしっかりと包み込んだら弱火の七輪の上に置く。温まってくると湯気が出て、そのうち甘い香りがしてくるので、それが食べ頃のサイン。時々焦げていないか匂いを確認しましょう。

焚き火が好きです。

朝晩少し冷え込む季節になると誰からともなく、焚火したさに「いつキャンプに行く?」なんて話が出始めます。

ビールではなくてフルボディの赤ワインや、ウィスキーをお湯割りにして飲みたいなと思うのは、いよいよ寒くなる前のこの時期、焚火を囲んで飲むからこその楽しみ。

その季節にその土地で採れたものを食べることは、その土地で暮らしていくためにはとても重要なことだと、いつも口癖のように話しているけれど、焚火は、私にとっては次の季節に向けての体づくりのために必要な行事になっています。

焚火がしたい。

そう話しながらも、みんな忙しく泊まりがけでのキャンプはしばらくまでお預けかな、なんて思っていたら「七輪パーティしようよ」と誰かが言い出しました。

焚火やアメリカ製のバーベキューコンロでの調理はよくしますが、日本伝統の炭焼き調理器である七輪は誰も持っていません。いろんなお店にも見に行きましたが、なかなか七輪を売っているお店はありません。何軒もまわってやっと地元の荒物屋で見つけたときは、長年会いたいと願っていた憧れの人についに会えたような甘酸っぱい気持ちになっていました。

そんなわけで家にやってきた真新しい七輪。みんなが集まる前の日にこっそり炭をおこしてみました。

バーベキューコンロに比べると炭の量は半分も入らなく、明日のメインディッシュである秋刀魚を焼くには、何度も場所を移動しなければまんべんなく焼くことが出来なそうな大きさでしたが、そんなことよりも七輪で秋刀魚を焼いて食べる！ということ自体がとても素晴らしく素敵なことに思えました。

きっとあの子は秋刀魚に合うビオワインを持って来るはず…。炭火の加減はあの子に任せれば大丈夫…。そして、もうひとりのあの子は全身が煙臭くなることも考えずにおめかししてくるに違いない。そんな事をひとりニヤニヤ考えている時間もまた楽しかったり。

今年の秋、キャンプでの焚火はかなわなかったけれど、もっと気軽でそしてとても素敵な新しい遊びが私達の恒例行事に加わりました。

ちょっと焦げてしまった秋刀魚をつつきながら、今度は何する？　この先も私たちの楽しみへの探究心は尽きることがなさそうです。

（山戸）

ふゆ

今年も冬がやってきた。

寒い季節に温かいことをするのは単純に幸せだ。温かい部屋、温かい料理、温かいお酒。なんと恵まれていることだろう。

忘年会と銘打って、友が家に集まってくれる。お土産やおすそ分けを手にひとり、またひとりと、やってくる。ドアベルがなる度にうきうきとした気持ちになるのはなぜだろう?

みな口々に寒い寒いと言いながら、近況報告をし合ったりくだらないことを話したりしながら、手と口は休まず動き、プシュ!っとビールが開き、ぐつぐつ煮える鍋のふたを取ると同時にあがる、湯気と歓声。

今年も一年ありがとう。

来年もよろしくね。

そう言いながら杯を重ねる。ここ数年、年同じ顔ぶれでそんなことを言い合える幸せ。

暖房と湯気で曇る窓ガラスを開け、外の空気を吸い込む。

ピリリと冷たい空気。白く冴える月。振り向けば笑顔と賑やかな話し声。

お酒が大好きで、陶芸家だった父はいつも冬になると自作の徳利とぐい呑みでぬる燗を飲んでいた。子供の頃、お燗を頼まれては熱くしすぎてよく怒られた。もわんと立ち上る日本酒の匂いに「よくこんなもん飲めるもんだ」と思っていた私も、いつの間にか父と同じように、冬になると燗のついたお酒を飲むようになっていた。

「まあまあ」なんて言いながら、一緒にぬる燗を飲むことはなかったけれど、父が使っていた酒器を今は私が使っている。

父が死んだとき、きっと先に逝った仲間と宴会をしているに違いないと思い、その情景がありありと想像できて、少し笑ってしまった。

もし天国という場所があるのなら、きっと私も同じように友と飲み続けるのだろうなと思い、やっぱりおかしくて笑いながら窓を閉めた。

冬の空気と年の瀬は何だか人をセンチメンタルにさせる。そんな気持ちを包み込むように、賑やかに夜はふけてゆく。

（しみず）

あさりと鶏の水炊き

◎材料

あさり … 300グラム（砂抜きする）
鶏もも肉 … 1枚（ぶつ切り）
塩 … 小さじ1／2
白菜 … 1／4個（ざく切り）
大根 … 1／4本（半月切り）
にんじん … 1／2本（輪切り）
三つ葉 … 1束（ざく切り）
だし（もしくは水）… 1リットル
甜菜糖 … 大さじ1
酒 … 1／4カップ
醤油 … 大さじ2

【ナンプラーだれ】
にんにく … 1／2かけ（みじん切り）
生姜 … 1かけ（みじん切り）
ナンプラー … 大さじ2
醤油 … 大さじ1／2
酢、ごま油 … 各大さじ1
パクチーの茎 … 1／2本分

【しめ】
フォー … 4人分
パクチーの葉っぱ … 適量

◎作り方

【鍋】鶏肉に塩をもみこんで30分ほどおき、全部の具材を鍋に詰め込んでだしを注ぐ。ふたをして中火にかける。ぐつぐつと沸騰したら弱火にして、鶏肉に火が通ってあさりの口が開いたら、調味料で味をととのえる。

【ナンプラーだれ】鍋にごま油、にんにく、生姜を入れて火にかけ、いい匂いがしてきたら弱火にしてパクチーの茎も加えてにんにくがキツネ色になるまで炒める。調味料を加えてひと煮立ちさせたら火を止める。

【しめ】フォーをぬるま湯で戻してから鍋の残りに加え、汁が少なければ水を少し足して温める程度にさっと煮る。味見をしてからナンプラーだれで味をととのえる。

春菊とくるみのサラダ

◎材料

春菊の葉っぱ … 1束
（食べやすい大きさにちぎる）
くるみ … 1／4カップ
醤油 … 大さじ1

【ドレッシング】
春菊の茎 … 1束分（粗みじん切り）
にんにく … 1かけ（スライス）
ごま油 … 大さじ1

◎作り方

フライパンにごま油とにんにくを入れて火にかけ、にんにくのいい匂いがしてきたら、春菊の茎を加えて中火でにんにくがこんがりキツネ色になるまで炒める。春菊の葉っぱには、醤油をまわしかけてよく混ぜ、くるみを乗せる。ドレッシングをかけていただく。

揚げれんこんの甘酢漬け

◎材料

れんこん … 中くらい2節
（1センチの輪切り）
揚げ油 … 適量

【甘酢】
だし … 2カップ
酒、醤油 … 各大さじ2
甜菜糖、黒酢 … 各大さじ1

◎作り方

甘酢の材料を全部鍋に入れて火にかけ、ぶくぶくと沸騰したら弱火にして2〜3分煮る。れんこんは油に菜箸を入れたら細かい泡が出るくらいの温度でこんがりキツネ色になるまで揚げて、熱々のうちに甘酢に漬け込む。

りんごシャーベット

◎材料

りんご … 1個（半分をすりおろし、
半分をみじん切り）
水 … 1／2カップ
はちみつ … 大さじ4
レモン果汁 … 1／2個分

◎作り方

全部の材料をボウルに入れてよく混ぜ、タッパーなどの密閉容器に移して冷凍庫で凍らせる。2時間おきにスプーンを使ってかき混ぜると、舌ざわりが均等になる。

あとがき

お酒は心をやわらかくする。
目の前がぱっと開けるように
いろんな事がストンと心に落ちてくる。
自然の中にいてもそれは同じ。
楽しかった邂逅。
美しい風景。
日常の何気ないことがら。
積み重なっていく記憶を
素直に受け止める手助けをしてくれる。
お酒と友と家族のお陰で
今の自分がある！
と言っても過言ではないと思うのです。

（しみずまゆこ）

小学生の頃の思い出。
週末、父は昼から必ずビールを飲んでいました。
（アル中とちがいますよ。
週末のお楽しみとしてですよ）
驚くほどの大きな声で
「うまい！」というその様子をみて、
そんなビールっておいしいものか？
と下戸人生を歩みつつ、ようやくお酒のおいしさに
目覚めたのが31歳。
真夏の沖縄、3泊4日の登山の後でした。
今、私も同じように「うまい！」と叫んでいます。
お酒は人生に（健康上も）なくてもいいものだけど、
あったほうがほんの少し楽しくなるということが
わかり始めました。

（髙橋 紡）

食べることも、飲むことも、
自分の感覚を感じることだと思う。
おいしいということ、きれいだと思うこと、
熱い、冷たいを感じること。
つやつや、ゴクゴク、ぽりぽり、しゃりしゃり、
ぐびぐび、ホカホカ、じんわり。
たくさんの感覚が湧き出てくるような日々を
送っていきたい。
山でも、街でも、どこにいても。

（野川かさね）

家族や親しい友達と
お酒を飲むと楽しい気分になります。
懐かしい話からくだらない話まで、
涙を流しながら大笑いすることも。
普段、それぞれが忙しい中で、
こうして時々集まっては
大笑いできる仲間が出来たことを心から感謝しています。
お酒は楽しいときに飲むものなのだな～、と実感。
素敵な仲間と、おいしいおつまみとお酒。
それさえあればどんな困難も乗り越えられるはず！
ちょっと大袈裟かもしれないけれど、
みんなにとっての自分もそうありたい、
と思う今日この頃です。

（山戸ユカ）

この本の言い出しっぺであり、ご自宅にお邪魔しての打ち合わせ終わりにはいつも、そっとビールを注いでくれたアートディレクターの斉藤いづみさん。好き勝手いう私たちを受けとめてくれた今井健さん。そして、数多くある本のなかからｎｏｙａｍａの本を手に取ってくれた皆様。酔っぱらいの戯言ではありませんが、おいしいお酒とおつまみ、仲間は人生の宝だと思います。本当にありがとうございました。

（ｎｏｙａｍａ）

noyama のやま

木工アーティスト・しみずまゆこ、編集者・髙橋 紡、
写真家・野川かさね、料理研究家・山戸ユカからなる
出版・イベントユニット。
日本中の里山へ出かけ、その土地の空気を吸い、
食べ物をいただき、お酒を飲む。
そんなふうに、「食を通じてその土地とつながる」ことを
テーマに活動しています。
著書に『つながる外ごはん』(小学館)

http://noyama.jp/

編集 noyama
スタイリング・イラスト しみずまゆこ
文章 髙橋 紡
料理 山戸ユカ
写真 野川かさね

デザイン 斉藤いづみ [rhyme inc.]

noyama のおつまみ いろは

2013年4月12日 初版発行

著 者 noyama
発行者 佐藤龍夫
発 行 株式会社 大泉書店
住 所 〒162-0805 東京都新宿区矢来町27
電 話 03-3260-4001(代)
FAX 03-3260-4074
振 替 00140-7-1742
印刷・製本 図書印刷株式会社

URL http://www.oizumishoten.co.jp/
ISBN 978-4-278-03793-7 C0077